日陰でも大丈夫！

本当に小さな庭づくり

髙山徹也

日本文芸社

狭小スペースで ガーデニングを楽しむ

　庭に生えた1本の植木や玄関先に置かれた1鉢の寄せ植えによって、自宅でゆっくり過ごす時間がより豊かになり、日々の暮らしに彩りを添え、四季の移り変わりを感じさせてくれます。

　1m² 程度の土の部分や直径40〜50cmの大型プランターがあれば、シンボルツリーの株元に腰高程度の低木1〜2種類と、花を楽しめる宿根草、葉形や色のバリエーションが豊富な多年草を組み合わせると、立派なスモールガーデン（小さな庭）ができあがり、日々の生長とともに、春の芽吹きやきれいな花、かわいい実、赤〜オレンジ〜黄色に色づく紅葉などの変化を楽しむことができます。

　本書では、日照に恵まれない日陰や、奥行15cm程度の狭い通路脇の植栽スペース、細長い庭など、一見するとガーデニング（庭づくり）には不向きなスペースでも工夫次第で楽しめる──そんな実例の数々とおすすめの植物、庭づくりのアイテムを紹介しています。小さな庭だからこその楽しみ方を満喫する、本書がその一助となることを心から願っています。

　最後に、施工実例にご協力いただきました方々に深く感謝いたします。

Gardening Shop Le Ciel
ガーデニングショップ　ル　シエル
髙山徹也

本書の見方 — 本書の構成を紹介します。下はPart1「小さな庭の実例」の見方です。

Part1 ●自分で行える小さな庭づくり
著者が施工した「小さな庭の実例」を紹介します。

Part2 ●プランニングから庭づくりまで
植栽計画の立て方、初心者でもすぐにできるレベルの「小さな庭を飾るアイデア」、ちょっと頑張ればできるレベルの「庭づくりの作業」を解説しています。

Part3 ●小さなスペース向きの植物カタログ
「シンボルツリー（常緑樹／落葉樹）」「低木」「株元（木本も含む）」に分けて、小さな庭に適した植物を紹介。著者おすすめの植物には おすすめ マークを記しました。

Part4 ●園芸用語集
植物の育て方や庭づくりに関する専門用語を集めて、簡潔に解説しています。

タイトル
参考にする実例を選びやすいように、植栽スペースの特徴をタイトルにしました。

植栽に使用した植物
実際に植えた植物をまとめました。主な植物については、Part3で育て方などを紹介しています。

プランニングのポイント
植栽計画のポイントを箇条書きにまとめました。

実例 6 玄関前、隣家と接する通路

隣家の駐車スペースに接する通路は、物置を配したストックヤードです。DIYで化粧砂利と防草シートをしつらえていたものの、ブロックの隙間や物置の周りから雑草が出てきて手に負えなくなったとのこと。玄関に面しており、砂利敷き作業のやり直しだけでは味気ないので、シンボルツリーのある植栽スペースを加えることにしました。

玄関ポーチの脇で、ポスト柱の後方に位置する西向きの場所は、昼すぎから日が差し始める環境。そこにピンコロ石で囲った半径1mの扇型の花壇を作りました。シンボルツリーには乾燥に強いオリーブを植栽。足元には丈夫で手がかからず、季節ごとに花が楽しめる植物を選んでいます。通路は化粧砂利を敷き詰めて、歩きやすく雑草が生えないように配慮。玄関ポーチと通路は段差が大きかったので、レンガでステップを設けて行き来しやすいようにしました。

隣家の駐車場に接するストックヤード。防草シートを敷いているが、周囲から雑草が増えてきた

Before

プランニングのポイント
A 動線を確保する4分の1円形の花壇を制作
B 花壇にカーブを設けているのでつまずきにくい
C ピンコロ石とレンガはエクステリアの石張りと同系色に
D 外観と調和するオリーブをシンボルツリーに
E 季節ごとに開花リレーが楽しめる植栽

植栽に使用した植物
オリーブ、ヤマアジサイ、斑入りウエストリンギア、サルビア、ラベンダー、アガパンサス、ワイルドストロベリー、ヒューケラ、クリスマスローズ、斑入りヤブラン

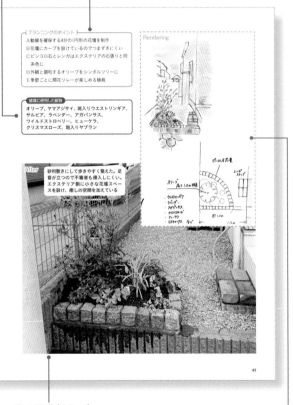

Rendering

After　砂利敷きにして歩きやすく整えた。足音が立つので不審者も侵入しにくい。エクステリア脇に小さな花壇スペースを設け、癒しの空間を加えている

40

41

庭の写真（Before）
施行前の庭のようすです。

庭の写真（After）
完成した庭のようすです。

スペースの特徴と植栽計画
植栽スペースの特徴や施主の意向にもとづいて、著者がどのように植栽計画を立てて施工したかを、わかりやすく解説しています。

Rendering
植栽計画をイメージしやすいよう、作業の前に見取り図を描くことをおすすめします。

目次

Part 1 🌿 自分で行える小さな庭づくり

縦書き：本当に小さな庭づくり

Part 2 ❀ プランニングから庭づくりまで

目次

Part 3 小さなスペース向きの植物カタログ

目次

本当に小さな庭づくり

Part 1

自分で行える
小さな庭づくり

掃き出し窓〜日向の庭

南向きで、道路に面した前庭です。既存樹にサザンカがあるくらいで、ガーデニングを楽しむための庭ではありませんでした。が、ひと鉢の寄せ植えに癒されたことをきっかけに「本格的にガーデニングを楽しみたい」と、リフォームの依頼を受けました。

掃き出し窓の前に、くつろげるウッドデッキをしつらえました。屋内の床とフラットにつながるので、出入りしやすくなり洗濯物を干す作業も楽になります。道路に面しているため、デッキ前にはウッドフェンスを設置して目隠しに。背景が整うことにもなるので、手前には花壇を設けてつる植物や低木、ハーブなどを植栽します。また、デッキ近くにはシンボルツリーとして株立ちのヤマボウシを植栽。大きく生長すれば、デッキにさわやかな緑陰をもたらします。デッキを降りた庭スペースにも、道路側にジューンベリーや低木、下草を多種類植栽。季節ごとに多年草の開花リレーを楽しめるようにプランニングしました。

掃き出し窓から庭へ出るには、段差がある

日当たりはいいが、道路に面しているため外からの視線が気になる環境

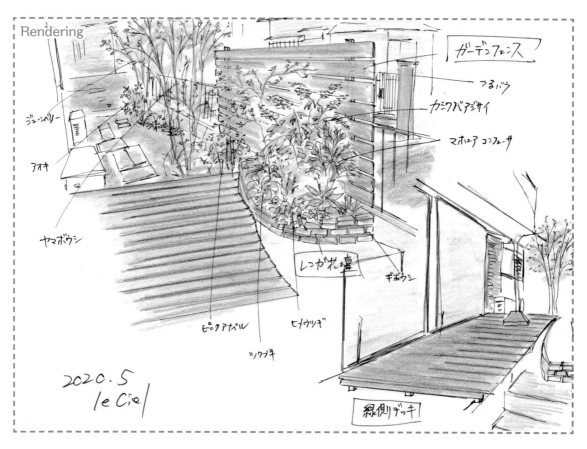

Rendering

ガーデンフェンス

つるバラ

カシワバアジサイ

マホニア コンフューサ

ジューンベリー

アオキ

ヤマボウシ

レンガ花壇

ギボウシ

ヒメウツギ

ピンクアナベル

ツワブキ

2020.5
le Ciel

縁側デッキ

Before

目隠しに既存樹のサザンカが植えられているが、植物の数は少ない

┌ プランニングのポイント ┐

A 屋内の床とフラットにつながるデッキを設置

B デッキ前にボーダーフェンスを設けてつる植物をはわせる

C フェンスの下に設けた花壇は、デッキと高さを揃えて一体感をもたせる

D 花壇やデッキにはカーブをあしらい、やわらかな表情に

E デッキ近くに、緑陰をもたらすシンボルツリーのヤマボウシを植栽

次ページに続く➡

植栽に使用した植物

【デッキ前花壇】
クレマチス、つるバラ'プロスペリティ'、
カシワバアジサイ、ヒペリカム、ニューサイラン、
クリスマスローズ、ツワブキ、ギボウシ、
ブロンズフェンネル、チャイブ、サラダバーム、
タイム

After

道路に面しているが、ウッドデッキ前にボーダーフェンスを張ったことで、プライバシーが保たれる

After

ウッドデッキがくつろぎの居住空間を広げてくれる。デッキの高さは30cmあるため、庭へスムーズに降りられるように、レンガでステップを設けた

植栽に使用した植物

【庭】
ヤマボウシ、ジューンベリー、
マホニア・コンフューサ、テマリシモツケ、
オオベニウツギ、アジサイ'ピンクアナベル'、
アロニア(チョコベリー)、ハーデンベルギア、
アガパンサス、ジギタリス、チョウジソウ、
サルビア・ネモローサ、スイセン、オルレア、
ニゲラ

After

道路から見てもウッドデッキ前が目隠しされていることがわかる。全部覆うと圧迫感が出るので、2本のシンボルツリーでさりげなく視線を遮っている

After

デッキ近くに植えたヤマボウシは、初夏に白い花を満開に咲かせる。生長してボリュームが出れば木陰ができる

次ページに続く➡

直線的なラインを多用すると冷たい印象になるので、ウッドデッキと花壇はやわらかなカーブのあるデザインにした

春から晩秋まで、多年草の開花リレーが楽しめるように植栽。こぼれ種で毎年咲くオルレア、ニゲラなどの一年草も入れている

After

落葉樹のジューンベリーの足元には、マホニア・コンフューサ、クリスマスローズなどの常緑の植物を添えて、冬も寂しくならないように配慮

After

After

道路側からは庭の様子はうかがえないが、庭側から見ると多様な植物が息づく緑豊かなガーデンとなっている

駐車スペースを残しつつ

新築時にエクステリアを整備して植栽も行い、随分と年月が経ったお宅です。「樹形が崩れたり、上手く育たなかったりして景観が悪いので何とかして欲しい」という依頼でした。

事前調査したところ、南側に面した日当たりのよい環境。そのせいかオリーブやコニファーが旺盛に茂って樹形が乱れており、生垣のボックスウッドは虫がつきやすいため見た目が悪くなっています。他の植物も生長スピードがはやく、メンテナンスの手がかかるものがほとんど。また、隣家の樹脂製竹垣は、家の外観イメージとはミスマッチなので目隠しが欲しいという希望もありました。

そこで、相談のうえ既存の不要な植物を抜き取り、スッキリさせることに。家側の地植えスペースには2段分のレンガを積んで盛り土をし、花壇をしつらえました。オリーブは剪定してスマートにし、足元から枝が出なくなったコニファーはトピアリー仕立てに。新たに生長が遅く、スッキリとした草姿のカラーリーフなどをプラスしました。

隣家のフェンスの目隠しには、家の外観に馴染む横張りのウッドフェンスを設置。高さを2.4mとし、竹垣の存在感をすっかりなくしました。フェンスの足元にも一部に花壇をつくり、乾燥に強い植物を植え込んでいます。ウッドフェンスには、つるバラを誘引して緑化を図る予定です。

> ┤ プランニングのポイント ├
>
> **A** 手に負えなくなった植物は思い切って抜き取り、全体をスッキリさせる
>
> **B** レンガ積みの花壇を作ってカーポートと植栽スペースのゾーニングを明確に
>
> **C** 家の外観とミスマッチな竹垣にボーダーフェンスを張って隠し、イメージを統一
>
> **D** フェンスはハンギングを飾ったり、つる植物で覆ったりして緑化できる
>
> **E** 生長スピードが遅く、比較的メンテナンスがかからない植物を新たに追加

Before

> 樹木が多いが、ほとんどの樹形が乱れている。生育スピードがはやく、毎年深めに剪定するためミモザは花が咲かない、ミカンは実がつかない悪循環に陥っている

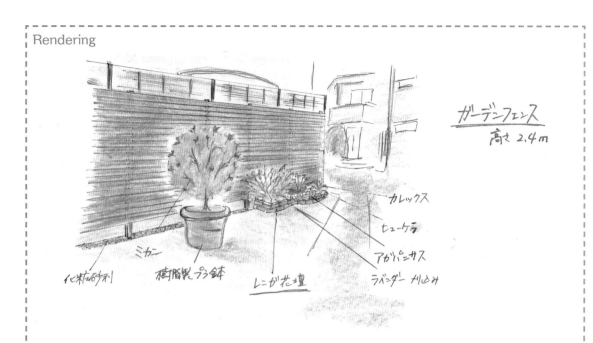

ガーデンフェンス
高さ 2.4m

カレックス

ヒューケラ

アガパニサス

ラベンダー 刈込み

ミカン

樹脂製プラ鉢

レンガ花壇

化粧砂利

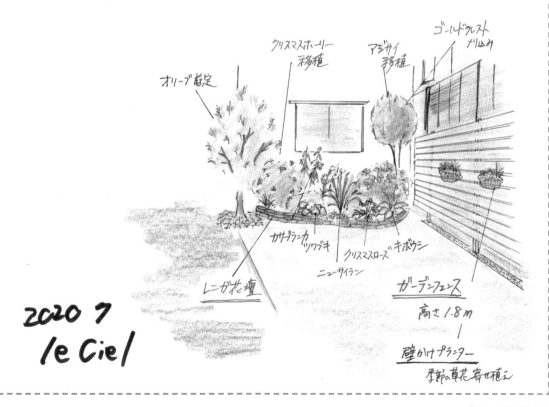

クリスマスホーリー
移植

アジサイ
移植

ゴールドクレスト
刈込み

オリーブ剪定

カサブランカ
ツワブキ

クリスマスローズ キボウシ

ニューサイラン

レンガ花壇

ガーデンフェンス
高さ 1.8m

壁かけプランター
季節の草花 寄せ植え

2020 7
/e Ciel

次ページに続く➡

コニファーは丸く刈り込んでトピアリー仕立てにし、アイキャッチにした。横張りのボーダーフェンスには、コンテナに植えたつるバラ'プロスペリティ'の枝を誘引して緑化する

After

After

レンガを2段分積んで、やわらかいカーブのある花壇を設置。既存のアジサイとクリスマスローズを残し、ニューサイランや斑入りユッカなど草姿がスマートではびこらない植物を選んでいる

ウッドフェンスには壁掛け用のプランターを飾って緑化することもできる。実らなくなっていたミカンは、鉢植えにして木が暴れすぎないようにした

フェンス足元に半円形の小さな花壇をつくり、乾燥に強い植物を植栽。既存のラベンダーはこの花壇に移植した

植栽に使用した植物

【リフォームした花壇】
ニューサイラン、ヒペリカム、斑入りユッカ、斑入りウエストリンギア、斑入りツワブキ、斑入りヤブラン、エリゲロン、タイム
既存の植物
コニファー'ゴールドクレスト'、オリーブ、アジサイ、クリスマスローズ

【フェンス下の花壇】
アガパンサス、モクビャッコウ、ヒューケラ、カルーナ、アジュガ
既存の植物
ラベンダー、ミニバラ

【コンテナ】
つるバラ'プロスペリティー'
既存の植物
ミカン、クリスマスホーリー

日向の小庭～10年の変化～

実例③

最初の施工から年に1～2回のメンテナンスに行き、少しずつのリフォームを依頼され、10年かけて手を入れてきた庭です。最初は、コンクリート張りの駐車場の居室前に花壇が欲しいというリクエストからでした。そこで、コンクリートを粉砕機で壊して撤去し、ピンコロ石で囲った花壇を設置。西日除けになる木が欲しいとのことだったので、ジューンベリーとヤマボウシ'月光'をシンボルツリーとし、さまざまな下草を植栽しました。

その後、ヤマボウシが大きく育ったこともあり、目隠しとして玄関扉と並行に設置されていたフェンスを撤去。90度回転させて道路側に向けて新たにボーダーフェンスを設置し、玄関とカーポートの行き来がしやすいようにしました。フェンスの足元は、以前につくった花壇に揃えてピンコロ石で囲い、植栽スペースに。こちらは1日に数時間光が差す程度の半日陰なので、日陰に向く植物を選んでいます。また、玄関脇のシャラノキが植えられている地植えスペースにもピンコロ石で囲って統一感を出しました。冬は落葉して寂しくなるので、斑入りのツワブキ、ヤブラン、レックスベゴニアなど、冬も美しいエバーグリーンをプラスしています。

10年の間に、ジューンベリーとヤマボウシの幹が太くなり、頼もしい姿になりましたが、あまり大きくなりすぎないように、毎年の剪定によって樹高をコントロールしています。植栽も少しずつ変えながらサポートし、毎年何かしらの進化を続けています。

Before
ほぼコンクリート敷きだった駐車スペース。道路から居室への視線が届きやすい状態

┤ プランニングのポイント ├

A 居室前に、西日除けも兼ねたシンボルツリーを植栽

B 落葉樹と常緑樹のコンビで冬も寂しくならないように

C 花壇のアウトラインをピンコロ石にして統一感を出す

D 花壇の輪郭にカーブをつけてナチュラル感を出す

E フェンスの向きを変えて玄関とカーポートの行き来をしやすくした

Before
玄関扉脇にはシンボルツリーのシャラが植栽されているが、冬に葉を落とすと寂しくなる

After
−2010年3月−

コンクリートの一部を壊し、ピンコロ石で囲って花壇を設置。居室側は落葉樹のジューンベリーを配して冬は室内にも日が入るようにした。常緑のヤマボウシ'月光'を合わせて、冬も葉を残す植物も加えている

After
−2010年6月−

6月頃には、ヤマボウシ'月光'が白い花をたっぷりと咲かせる。下の方から花がつく品種で、開花期は見事。対比させるように黒葉が美しいテマリシモツケを合わせた

次ページに続く➡

10年が経ち、シンボルツリーのジューンベリーとヤマボウシ'月光'が樹冠を大きく広げている。既存のフェンスを撤去し、90度回転させて道路側にボーダーフェンスを新しく設置した

After
−2020年−

After

植栽に使用した植物

【居室前の花壇】
ジューンベリー、ヤマボウシ'月光'、
カシワバアジサイ、テマリシモツケ、
斑入りギンバイカ、ニューサイラン、
ラベンダー、ローダンセマム

植栽に使用した植物

●フェンス下の花壇（家側）
シマトネリコ、這性コニファー、
ローズマリー、ミニバラ、
アスパラガス、カレックス、
ワイルドストロベリー、
斑入りオステオスペルマム

新しく設置したボーダーフェンスの足元に花壇を作った。ピンコロ石は、サビ色と灰色の2色づかいにしている。あまり日が差さないので、半日陰の環境に向く植栽に

After

玄関扉脇にはシャラが1本あるだけだった
が、冬にはすっかり葉を落とすので、斑入
りツワブキやヤブランを加えている。こち
らもピンコロ石で囲って統一感を出した

植栽に使用した植物
【玄関脇の花壇】
アジサイ、斑入りツワブキ、ヤブラン、
ヒューケラ、レックスベゴニア、デージー

植栽に使用した植物
●フェンス下の花壇(道路側)
蛍斑ツワブキ、宿根イベリス、
クリスマスローズ、クリーピングタイム

After

敷地の外からボーダーフェンスを見たシ
ーン。道路側にも植物が顔を出すように
植栽してみずみずしく。ポスト下には、
季節の一年草を寄せ植えした大鉢を置い
てアイキャッチにしている

23

半日陰のアプローチ①

家の建て替えを機に、キープしておいた地植えスペースへの植栽を依頼されました。「家族でガーデニングを楽しみたい。子どもと季節の花選びをして一緒に植え込みなどもしたい」とのことです。

植栽スペースは、玄関脇と勝手口の階段奥の2カ所。玄関脇は、明るい日陰で西日が差してくる環境です。シンボルツリーにシマトネリコを配し、乾燥に強くて丈夫なアガパンサス、ウエストリンギア、ローズマリー、ラベンダーなどを植栽。毎日通る場所なのでカラーリーフを多めにして明るい雰囲気にしています。また、植栽のできないコンクリート敷きにもコンテナをまとめ置きすることに。こちらは丸い葉姿が愛らしい、ナチュラルな樹形のユーカリに、放射状に剣葉を伸ばすモダンな葉姿のニューサイランを合わせ、対照的なイメージを持つもの同士で対比させました。手前には、季節ごとに家族で

植え替えを楽しめる一年草用のコンテナ3種も用意。いずれのコンテナも同じ色・デザインで揃えて統一感を持たせています。「夏向きには、子どもと花を選んで一緒に植え替えにチャレンジしたところ、たくさんの花を咲かせてくれました」と、楽しんでいる様子を聞かせてくれました。

一方、勝手口の階段奥のスペースは、日陰の環境。落葉樹のアオダモと常緑樹のキンカンのコンビを組ませました。キンカンはレモンほどには大きくならず、コンパクトに仕立てられるのが長所で、家族で収穫する楽しみを味わえます。下草はクリスマスローズやミニスイセン、ミヤコワスレ、シュウメイギク、ツワブキなど、日陰でも花を咲かせてくれる植物を選びました。四季を通して、何かしらの花が咲く植栽プランにしています。

■Before

玄関脇に、植栽できるスペースを残してある

Before

道路側から見た景色。植栽がないので無機質な印象を与える

Before

外から勝手口の階段を上がった右手にも植栽スペースがある。こちらは日陰の環境

Rendering

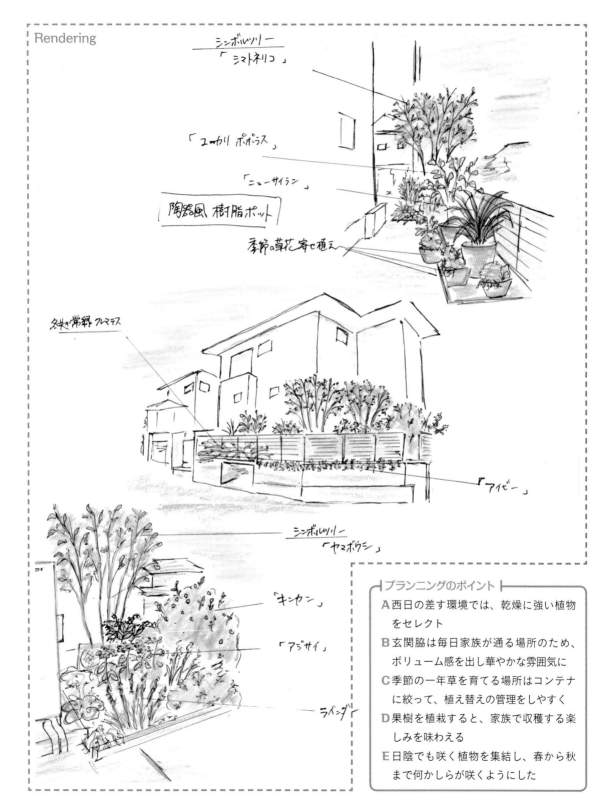

シンボルツリー
「シマトネリコ」

「ユーカリ ポポラス」

「ニューサイラン」

陶器風 樹脂ポット

季節の草花を寄せ植え

冬咲き常緑 クレマチス

「アイビー」

シンボルツリー
「ヤマボウシ」

「キンカン」

「アジサイ」

「ラベンダー」

> **▶ プランニングのポイント ◀**
>
> **A** 西日の差す環境では、乾燥に強い植物をセレクト
>
> **B** 玄関脇は毎日家族が通る場所のため、ボリューム感を出し華やかな雰囲気に
>
> **C** 季節の一年草を育てる場所はコンテナに絞って、植え替えの管理をしやすく
>
> **D** 果樹を植栽すると、家族で収穫する楽しみを味わえる
>
> **E** 日陰でも咲く植物を集結し、春から秋まで何かしらが咲くようにした

次ページに続く➡

実例❹ 半日陰のアプローチ①

玄関脇の植栽スペースでは、サラサラとした軽やかな葉を持つ、常緑樹のシマトネリコがシンボルツリー。下草はラベンダーやローズマリー、アガパンサス、クリーピングタイムなどで、生長するとボリュームが出るものを多く選んだ

植栽に使用した植物

【玄関脇の花壇】
シマトネリコ、アジサイ'アナベル'、テマリシモツケ、
ウエストリンギア、アガパンサス、
クリスマスローズ、ラベンダー、ローズマリー、
クリーピングタイム

コンクリート敷きの部分には、大型コンテナをまとめ置きしてさらに緑量アップ。コンテナは同じデザインシリーズを使い分けて、イメージを統一している。低めのコンテナでは、季節の一年草を植えて模様替えを楽しむ

勝手口の階段を外から見た
景色。数本の樹木の葉が垣
間見え、Beforeに比べてみず
みずしさが加わった

明るい日陰の勝手口脇の
植栽スペースでは、落葉
樹のアオダモと常緑樹の
キンカンをアイキャッチ
に。キンカンは刈り込み
に耐えてあまり大きくな
らず、冬には小さなかわ
いい実をつけるので収穫
も楽しめる。下草は日陰
に強い植物をセレクト

After-Summer

半日陰で傷んだ芝生の庭

南向きの庭で、元は青々とした芝庭だったお宅です。若木だったシマトネリコやエゴノキなどの樹木が大きく茂って日当たりが悪くなり、一部が枯れ込んで地面がむき出しになっているとのこと。何度か自身で芝生を植えてみたけれど、枯れてしまうのでリフォームしたいと、相談を受けました。

確かに樹木以外に、目隠し用の白塀下も日陰になっているし、玄関へとつながる立水栓周りは動線で踏まれやすくなるため芝生の再生は難しそうです。そこで、出入りの多いルートはレンガで舗装し、日陰になっている白塀下はレンガで囲って花壇をつくり、日陰に強い植物を植栽することにしました。舗装と花壇にゾーニングし、用途をはっきり分ける解決案です。デザインのポイントは、花壇と舗装が接しないように、あえて地植えできる小スペースを残したこと。そこに植物を植えてそれぞれのアウトラインを隠してつなぐことで、よりナチュラル

に見せることができます。

花壇の植栽は、日陰に強い植物で構成。キャラメル色の葉がシックなヒューケラやギボウシなど、多様なカラーリーフプランツを組み合わせてメリハリをつけ、表情に変化を与えています。オーナーからは「むき出しの地面がなくなり植物も増えて、明るい印象になった」と喜ばれました。

┤プランニングのポイント├

Aむき出しの地面を舗装と花壇の2用途にゾーニング
B人の出入りが多いゾーンを舗装する
Cあまり人が立ち入らない白塀下は花壇に
D花壇のアウトラインにカーブをつけて優しい表情に
E舗装と花壇が交わる部分に植栽スペースをつくり、植物で隠してナチュラルに

Before

樹木が大きく樹冠を広げて日陰をつくり出し、白塀の足元も日当たりを悪くしているので、日向を好む芝生が枯れてしまっている

Rendering

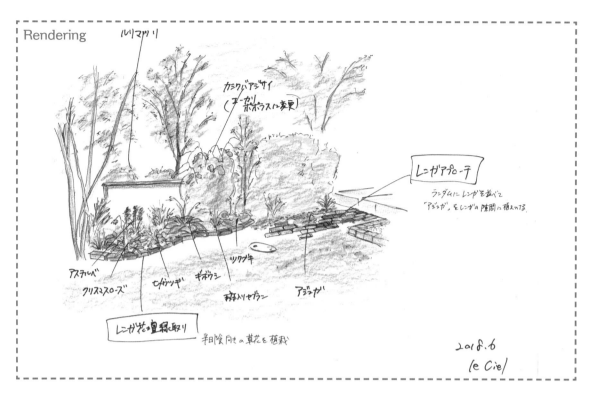

ルリマツリ

カシワバアジサイ
（ユーカリ
ポポラスに変更）

レンガアプローチ

ランダムにレンガを並べて
「アジュガ」をレンガの隙間に植えている

アスチルベ
クリスマスローズ

ヒイラギツゲ

ギボウシ

ツワブキ

斑入りセキショウ

アジュガ

レンガ花壇縁取り

半日陰向きの草花を植栽

2018.6

le Ciel

Before

立水栓の奥は玄関へとつながる。人がよく通ることもあって、ここも芝生が傷んで生えなくなった。手前は日当たりがいいので芝生は青々としている

次ページに続く➡

やわらかくカーブをつけてレンガで縁取り、花壇スペースに。芝生との境を強調する目的の縁取りのため、レンガは一段のみにした。カラーリーフを多種類配して、みずみずしいグリーンのグラデーションをつくっている

植栽に使用した植物

ユーカリ'ポポラス'、アジサイ、クリスマスローズ、ギボウシ、ツワブキ、ヒューケラ、ヤブコウジ、斑入りヤブラン、ベロニカ

手前の玄関側か
ら本庭へ入る通
路として、レン
ガで舗装した

半日陰のアプローチ②

玄関アプローチ脇から、勝手口の扉へ続くサイドヤードです。地面がむき出しでコンクリート平板が飛び石風に敷いて動線が整えられているスペースでした。「玄関脇でお客様の目に触れやすい場所なのに味気ないので、見映えよくリフォームしたい」という希望です。

オーナーはガーデニングを楽しんでいる方で、既存のアーチにはつるバラが、道路側のアイアン製フェンスにはクレマチスが這わせてありました。この雰囲気に合わせ、コンクリート平板を撤去し、新たにアンティークレンガを敷いて動線を整えることに。道路側は、ピンコロ石で囲って花壇として際立たせました。家側にも地植えスペースを作っていますが、こちらはあえて囲わずにメリハリをつけています。また、ピンコロ石とレンガの小道の隙間を利用してアジュガを植栽。ランナーを伸ばして広がるので、この隙間を埋めて資材同士をナチュラルにつなぐ役割を果たします。

このサイドヤードは西向きで、道路側に設置しているフェンスも相まって1日に数時間の光が差す程度の半日陰の環境です。植栽は半日陰に強い植物をセレクトしました。勝手口前には、株立ちのツリバナを植栽して、このエリアのシンボルツリーに。元々オーナーが植えていた既存のクリスマスローズもバランスよくミックスさせて、多様なシェードプランツが息づく構成にしています。「明るい雰囲気になった上に、植栽が充実したおかげで雑草が繁茂しなくなり、管理しやすくなった」とのことです。

Before

コンクリート平板を飛び石風に敷いた
動線は味気なく、植栽も少なめ

┤プランニングのポイント├

A 既存のアーチやフェンスなどのシックな雰囲気に合わせてアンティークレンガの小道にリフォーム

B 花壇と一目でわかるようにピンコロ石で囲う

C 花壇のアウトラインにカーブを持たせ、手仕事の温もり感を出す

D 小道と花壇の隙間にアジュガを植栽してナチュラル感をアップ

E シンボルツリーとしてツリバナをセレクト

F 半日陰の環境でも、元気に育つシェードプランツを植栽

Rendering

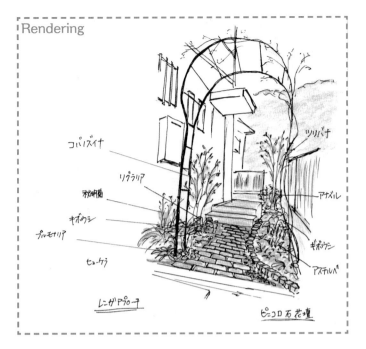

コバノズイナ
リグラリア
秋明菊
ギボウシ
プルモナリア
ヒューケラ
ツリバナ
アナベル
ギボウシ
アスチルベ
レンガアプローチ
ピンコロ石花壇

ピンコロ石で囲った花壇は、奥の勝手口へのステップと高さを揃えている。レンガの小道はストレートなラインで整えたので、ピンコロ石の囲いはカーブを持たせて対比させている

After

玄関へのアプローチのステップの脇から続く勝手口への動線を、アンティークレンガを敷いて整える

After

次ページに続く➡

植栽に使用した植物

【道路側の花壇】
ツリバナ、ヒメリュウキンカ、ヒメウツギ、
ビバーナム、アサギリソウ、スズラン、
斑入りヤブラン、リグラリア

【家側の花壇】
ビバーナム、ヒメウツギ、ヒメリュウキンカ、
スイセン、アジュガ

After

勝手口前に植えた、株立ちのツリバナが新芽を吹き出し始めた。後ろの既存のフェンスにはオーナーが植えたクレマチスがつるを全体に伸ばしている

After

アイアン製アーチには既存のつるバラが新芽を出し、縦の空間に変化をつけてくれている。アーチの足元ではヒューケラやクリスマスローズが彩りを添える

After

家側の花壇スペース。季節によって開花する植物が移ろっていくように、ローテーションを配慮してシェードプランツを選んでいる

After

道路側の花壇スペースの真ん中あたり。大株に育った既存のクリスマスローズを生かし、ローズマリーやヒューケラなどを添えている。中央の赤い花はアネモネ

After

ピンコロ石の花壇とレンガの小道の隙間にアジュガを植栽。ランナーを伸ばして広がるので、奥まで到達して資材の際を隠す役割となる

玄関脇の日陰スペース

旗竿型の敷地で、道路に面した細長い駐車スペースの先に住まいがあります。引っ越し後、エクステリアのリフォームを依頼されました。

外から見て玄関扉左手の砂利敷きに植栽を希望されました。北側で、日が差す時間帯もあるけれど、ほぼ日陰です。「どんな植物が向くのかわからないので、プロにお任せしたい」のこと。雑草除けに敷かれていた砂利は撤去し、日陰に強い植物を植栽しました。ヒューケラやアジュガなど、ブロンズカラー、オレンジ、赤、シルバーグリーン、斑入り葉など多様なカラーリーフでコントラストをつけています。施工後、自身でガーデニングを楽しむようになり、新たに植物を購入して植え替えや手入れをしていると、嬉しい話を聞かせてくれました。

一方、玄関扉右手のサイドヤードのリフォームも依頼されました。立水栓やシンクがありますが、土がむき出しで雑草が生えやすく、かなり暗い環境。釣りが趣味で、ここで洗い物をすることが多いそうで、動線の整備と明るい雰囲気にする目的で、レンガ敷きのペービングを提案しました。隣家も迫っているので、目隠しにフェンスも設けています。シェルフやハンギングフックを設置して、雑貨や吊り鉢を飾れるようにしました。

Before

外から見て玄関扉の左手にある砂利敷きのスペース。雑草の姿もちらほら見える。隣家との境界はフェンスで区切られ、風通しはよい環境。時間帯によっては日が差し込む

Before

Before

玄関扉の右側奥のサイドヤード。立水栓やシンクが置いてある。通路だけではなく、釣りが趣味のため、ここで道具などの洗い物をする場所として使っている

Rendering

低木
　コバノズイナ．ジンチョウゲ
　ヤマアジサイ．　など

多年草
　クリスマスローズ．アジュガ
　アステルベ．ツワブキ．セューラク
　秋明菊、シラン、ギボウシ、
　ミニ水仙、原種シクラメン、
　チョウジソウ．ヤブラン．　など

ローズマリー

┤プランニングのポイント├

A 玄関前の植栽スペースには日陰に強い植物をセレクト

B 美しいカラーリーフをメインにし、彩り豊かにした

C サイドヤードはレンガ敷きにして歩きやすく整備

D 隣家との目隠しにウッドフェンスを設置

E 高い位置には日が当たりやすいので、植物を飾れるシェルフやハンギングフックを設置

次ページに続く➡

植栽から1年後。土の部分が見えないくらいに植物が茂ってきた。環境に馴染んで、植物同士がほどよく調和している

植栽に使用した植物

斑入りグミ、ヒメウツギ、ヤマアジサイ、コバノズイナ、斑入りジンチョウゲ、ローズマリー、ラベンダー、ミスキャンタス、クリスマスローズ、シュウメイギク、ヒューケラ、ツワブキ、アジュガ

手前のブロンズカラーのアジュガは、ランナーを伸ばして旺盛に葉を広げている。奥には緑葉のアジュガも入れて対比させた

After

玄関アプローチのゲート近くにフェンスをしつらえて、隣家との目隠しにした

サイドヤードにはレンガを敷いて、動線を整備した。手前にある立水栓の下の水受けもレンガで囲って区分けしている

After

フェンスには、シェルフやおしゃれなハンギングフックをしつらえて、植物や雑貨をディスプレイできるようにした

玄関前、隣家と接する通路

　隣家の駐車スペースに接する通路は、物置を配したストックヤードです。DIYで化粧砂利と防草シートをしつらえていたものの、ブロック塀の際や物置の周りから雑草が出てきて手に負えなくなったとのこと。玄関にも面しており、砂利敷き作業のやり直しだけでは味気ないので、シンボルツリーのある植栽スペースを加えることにしました。

　玄関ポーチの脇で、ポスト柱の後方に位置する西向きの場所は、昼すぎから日が差し始める環境。そこにピンコロ石で囲った半径1mの扇型の花壇をつくりました。シンボルツリーには常緑で乾燥に強いオリーブを植栽。足元には丈夫で手がかからず、季節ごとに花が楽しめる植物を選んでいます。通路は化粧砂利を敷き詰めて、歩きやすく雑草が生えないように配慮。玄関ポーチと通路は段差が大きかったので、レンガでステップを設けて行き来しやすいようにしました。

Before

隣家の駐車場に接するストックヤード。防草シートを張っているが、周囲から雑草が増えてきた

Before

プランニングのポイント

A 動線を確保する4分の1円形の花壇を制作

B 花壇にカーブを設けているのでつまずきにくい

C ピンコロ石とレンガはエクステリアの石張りと同系色に

D 外観と調和するオリーブをシンボルツリーに

E 季節ごとに開花リレーが楽しめる植栽

植栽に使用した植物

オリーブ、ヤマアジサイ、斑入りウエストリンギア、
サルビア、ラベンダー、アガパンサス、
ワイルドストロベリー、ヒューケラ、
クリスマスローズ、斑入りヤブラン

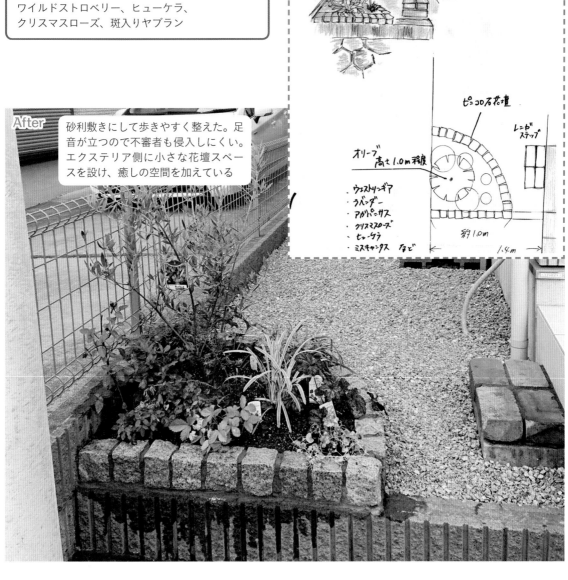

Rendering

After 砂利敷きにして歩きやすく整えた。足音が立つので不審者も侵入しにくい。エクステリア側に小さな花壇スペースを設け、癒しの空間を加えている

ピンコロ石花壇

レンガステップ

オリーブ 高さ1.0m程度

・ウエストリンギア
・ラベンダー
・アガパンサス
・クリスマスローズ
・ヒューケラ
・ミスキャンサス など

約1.0m

1.4m

玄関前、アプローチ～駐車スペース

新築にあたって、エクステリアの植栽を依頼されました。植栽スペースは3カ所あり、それぞれに条件が異なっています。カーポート奥の花壇は、建物基礎のわずかなスペースで、半分は水道メーターボックスが占拠。日当たりはいいのですが、2階のベランダ部分が庇になって雨が当たらず乾燥しがちな環境です。ここに樹高が高くなる木を植えると数年でつかえるので、低木のテマリシモツケ'アンバージュビリー'をシンボルツリーにしました。春の若葉が琥珀色の珍しい品種で、夏、秋も赤銅色の葉をキープします。その足元には乾燥に強い下草を組み合わせました。

ポスト&宅配ボックスの下にある花壇は、背丈が高くなる植物は植えられないので、ヒューケラやカレックスなど、横にボリュームが出る植物を植えました。玄関までのアプローチは、東側ですが隣家に挟まれる明るい日陰の環境。ブロックフェンス沿いで奥行きが15cmしかあ

りません。毎日通る場所ですから、旺盛に育って邪魔になっては困るので、生長が遅くスマートな樹形の斑入りムラサキシキブやジンチョウゲなどを選びました。葉に斑が入る常緑の植物を多く選び、明るい雰囲気にしています。

┤ プランニングのポイント ├

A 道路に面した花壇にはブロンズ葉が美しい樹木を配してアイキャッチに

B 毎日通る玄関アプローチはスマートな樹形で生長が遅い植物をセレクト

C 明るい日陰には、斑入りの植物を多用して彩る

D 表札&宅配ボックス下は横にボリュームが出る植物を選択

E カーポート目地には踏んでも傷まないリュウノヒゲを植栽

Before

Before

玄関へのアプローチには幅15cmの花壇スペースがある

Before

表札&宅配ボックス下に小
さな植栽場所がある

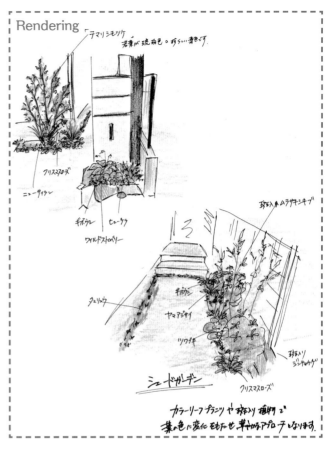

Rendering

テマリシモツケ

若葉が琥珀色。新しい芽色です

クリスマスローズ

ニューサイラン

ギボウシ

ヒューケラ

ワイルドストロベリー

班玉入 ムラサキシキブ

クジリュウ

ギボウシ

ヤマアジサイ

ツワブキ

斑入り
ジンチョウゲ

クリスマスローズ

シェードガーデン

カラーリーフ プランツ や 斑入り 植物 で
葉の色に変化をもたせ 華やかなアプローチ になります

Before

カーポートの奥に設けてある植栽場所

次ページに続く➡

After

表札&宅配ボックスの下には、横にボリュームが出るカレックスや宿根イベリスなどを植栽

After

【植栽に使用した植物】

【土間コンクリート目地】
タマリュウ

After

カーポートの目地には踏んでも傷まない、常緑のリュウノヒゲをたっぷり植栽

【植栽に使用した植物】

【駐車スペースの花壇】
テマリシモツケ'アンバージュビリー'、
ニューサイラン、ホスタ、クリスマスローズ、
アガパンサス、アジュガ、タイム

【ポスト柱下の花壇】
ヒューケラ、カレックス、宿根イベリス

幅80×奥行き25cmのスペース。ブロンズ葉が美しい
テマリシモツケ'アンバージュビリー'が目を引く。
水道メーターボックスは植物で目隠しされている

葉に黄色い斑が
入るムラサキシキ
ブがシンボル
ツリー。スッキ
リ上に伸びる性
質で、通行の邪
魔にならない

植栽に使用した植物

【玄関アプローチの花壇】
斑入りムラサキシキブ、斑入りジンチョウゲ、
斑入りヤブラン、斑入りツワブキ、
斑入りカラミンサ、ホスタ

やや暗い場所なので、白や黄色
の斑が入るカラーリーフを多種
類配して明るい雰囲気にした

玄関前、表札横の小スペース①

　新築時、エクステリアの表札&宅配ボックス脇につくっておいた地植えスペースへの植栽を依頼されました。葉姿の美しいシンボルツリーが欲しいとのことで、そよそよと風に揺れる軽やか葉が魅力のアオダモを提案。スマートな株立ちタイプを選びました。落葉樹のため、冬に寂しくならないように、常緑の植物を多めに入れています。植栽後、夜は下からシンボルツリーをライトアップし、家の外壁にアオダモのシルエットを映して光の演出を楽しんでいるそうです。

┤プランニングのポイント├

A シンボルツリーにアオダモを選択

B アオダモは株立ちタイプを選び、スマートながらもボリューム感を出した

C 樹木だけでは株元が寂しくなるので下草を加えた

D アオダモは落葉樹のため、冬を見越して常緑の下草を植栽

E 下草は葉のフォルムが美しいものを組み合わせた

植栽に使用した植物

アオダモ、アジサイ'アナベル'、斑入りツワブキ
斑入りウエストリンギア、クリスマスローズ

After

After

枝ぶりの美しいアオダモが目を引く、緑量たっぷりのエクステリアが完成

実例⑪ 玄関前、表札横の小スペース②

玄関前で、植栽用に残した未舗装のマスに、シンボルツリーのある花壇を依頼されました。北側で午後から西日が当たる程度の半日陰で、スペースは幅1m×奥行き0.8mほど。花壇にはレンガを2段積み上げて盛り土し、シンボルツリーはシルバーがかった葉が魅力のユーカリを選びました。隣との境界線に目隠しが欲しいという希望には、横張りのガーデンフェンスを設置。キャンバス代わりになって植物のフォルムを際立たせてくれます。

プランニングのポイント

A リサイクル耐火レンガを2段積み上げて、花壇スペースを制作

B 花壇の角に丸みを持たせ、デザイン性と通行のしやすさを配慮

C 隣家との境界は圧迫感のない高さ1.7mのウッドフェンスを設置

D フェンスの素材は耐久性のある「ハードウッド材イタウバ」を使用

E フェンスは目隠しだけでなく、背景を整えて植物を引き立たせる役割も

F フェンスには壁掛けプランターや雑貨も飾れる

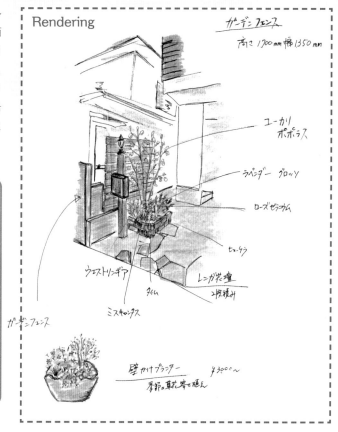

Rendering

ガーデンフェンス
高さ1700mm 幅1350mm
ユーカリ ポポラス
ラベンダー グロッソ
ローズゼラニウム
セッカラ
レンガ花壇
2段積み
タイム
ミスキャンタス
ウエストリンギア
ガーデンフェンス

壁かけプランター ￥3000〜
季節の草花等を植え

Before

Before

新築時に花壇スペースをつくっておいたが、まだ手つかずの状態

次ページに続く➡

After

レンガを2段分積んで、
花壇として際立たせた

After

角はカーブをつけてつまずかないよう
に配慮。デザインにも柔和さが加わる

植栽に使用した植物

ユーカリ'ポポラス'、斑入りウエストリンギア、
ラベンダー'グロッソ'、ローズゼラニウム、タイム、
ヒューケラ、ヘリオトロープ、斑入りヤブラン、
ミニバラ'グリーンアイス'など

After

ウッドフェンスを仕上げ、シンボルツリーのユーカリと下
草を植栽。カーブをつけたために余ったコーナー部は、足
に触れると香りが立つタイムを植え、小石を敷き詰めた

After

背景が整い、明るいベージュの
石を乱張りしたエクステリアに
馴染む花壇が完成。ウッドフェ
ンスには壁掛け用のプランター
をハンギングできる

日当たりのよいベランダ

東南向きで奥行きが2.2mはある、L型の広いベランダです。高台にあるマンションで、日当たり、眺望は抜群ですが、風が強いのが難点。そしてベランダの半透明の手すり越しに別棟のマンションがあり、人の姿が目に入るのを解消したいとのことでした。プランターカバーを設置して植栽で隠す方法や、ウッドフェンスで目隠しする方法などいくつか案を提出。最終的に折衷案として、程よい高さにウッドフェンスを配して大型のプランターをポイントごとに置くことになりました。

ウッドフェンスは手すりを全て覆わず、海の見える眺望のよさを生かしてちょうど目の前のマンションが隠れる高さにこだわりました。これにより、ウッドフェンスの圧迫感も薄れます。また、ベランダでは、耐荷重への配慮が必要になるので、コンテナは樹脂製を選んで軽量化を図りました。テラコッタ製とも見まごう、デザイン性に優れたものをセレクトしています。

植栽は、丈夫で乾燥に強い植物を厳選しました。骨格となる植物として、オリーブ、ローズマリー、コルディリネ、ウエストリンギアを選び、それらにあう下草を合わせていきました。既存のウイスキー樽のプランターにも植栽をプラス。全てのプランターには表土にバークチップを敷き、乾燥防止とともに見映えのよさにも配慮しています。

Before　　L型で広めのベランダ

Before

リビング前のベランダには、半透明のフェンス越しに別棟のマンションの通路がちょうど目に入って気になる

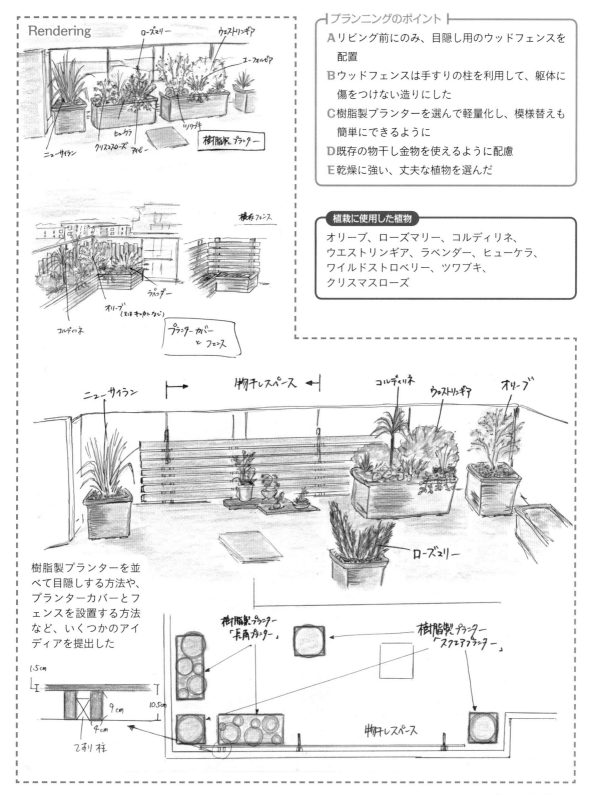

Rendering

プランニングのポイント

A リビング前にのみ、目隠し用のウッドフェンスを配置

B ウッドフェンスは手すりの柱を利用して、躯体に傷をつけない造りにした

C 樹脂製プランターを選んで軽量化し、模様替えも簡単にできるように

D 既存の物干し金物を使えるように配慮

E 乾燥に強い、丈夫な植物を選んだ

植栽に使用した植物

オリーブ、ローズマリー、コルディネ、ウエストリンギア、ラベンダー、ヒューケラ、ワイルドストロベリー、ツワブキ、クリスマスローズ

樹脂製プランターを並べて目隠しする方法や、プランターカバーとフェンスを設置する方法など、いくつかのアイディアを提出した

次ページに続く➡

After

リビングから目に入る対面のマンションを
ボーダーフェンスで隠し、樹木を植えたコ
ンテナを増やしてみずみずしい空間に

After

オーナーがコレクシ
ョンしている盆栽が
際立つように、端材
を利用してステージ
を作った

こちらは日当たりに恵まれない玄関側に置いた寄せ植えコンテナ。黄色の斑入りクチナシ、ミスキャンタスなどを植栽して明るく見せている

乾燥に強い立ち性のローズマリーは、触れるとさわやかな香りが立つ

ウッドデッキのテラス

住宅購入を機に、庭のリフォームを依頼されました。既存のウッドデッキはリビングに接続しているのですが、対面の隣家が迫っているので部屋からの眺めを改善したいとのこと。ウメやナンテンなど和の植栽を一新したいという希望もありました。

隣家の目隠しとして、ウッドフェンスをボーダー張りにしました。約2cmのスリットを入れて、光と風が抜けるよう配慮しています。後ろのブロック塀が土留めになるので、一部にレンガを積み上げてデッキの床と同じ高さの花壇をつくり、植物をより身近に感じられるようにしました。植栽はシルバーグリーンの枝葉が美しいオリーブをシンボルツリーに。「虫が嫌いなのであまり植物を多くしたくない」とのことだったので、ローズマリーやラベンダー、タイムなどあまり虫がつかない植物を選びました。ライフサイクルの短い一年草を使わず、毎年季節が来れば花を咲かせてくれる息の長い多年草を植栽しています。

また、既存の芝生は傷んではげ上がった状態でした。

息子さんがサッカーの練習をするということだったので、品質の高い人工芝を敷き詰めました。冬も枯れずに青々としているうえ、雑草防止にもなります。「庭らしい明るい雰囲気になり、メンテナンスも楽なのがいい」と喜んでもらえました。

プランニングのポイント

A リビング前は目隠し用に高さ170cmのウッドフェンスをボーダー張りに

B ウッドフェンスの下部は開け、圧迫感を感じないようにした

C 花壇に緩やかなカーブをあしらい、優しい表情をプラス

D 盛り土をした花壇を設けることで植物をより身近に感じられる

E 植え替えなど管理の手間がかからない植物を厳選

F クオリティーの高い人工芝は傷みにくく、雑草防止にもなる

Before

ウメやゲッケイジュ、ナンテンなど和の植栽。枝ぶりもゴツゴツとして硬い印象

Rendering

レモン

ラベンダー グロッソ

つるバラ

アジサイ
アナベル

アガパンサス

ニューサイラン

Before

隣家との境にはフェンスがあるが、視線が届きやすくほぼ丸見え

Before

既存の芝生は傷んでおり、雑草が生えやすい状態

次ページに続く➡

カーブを設けた花壇をつくり、盛り土をしてデッキに植物を近づけた。日当たりもよくなる

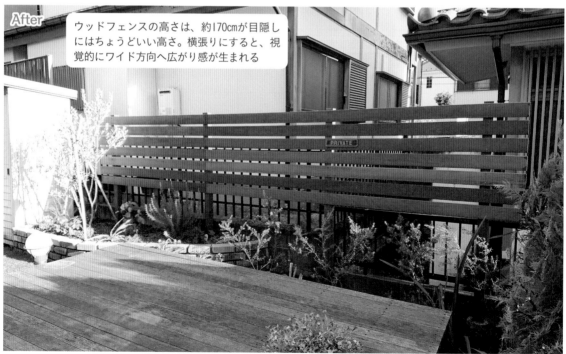

ウッドフェンスの高さは、約170cmが目隠しにはちょうどいい高さ。横張りにすると、視覚的にワイド方向へ広がり感が生まれる

After

冬でも青々として、傷むこともないの
でサッカーの練習も気兼ねなくできる

After

人工芝を隙間なく敷き詰めるこ
とで、雑草防止にもなる。芝刈
りのメンテナンスも不要

花壇をつくれないマンション

マンションの1階で、専用庭として広めのテラスを所有。「ガーデニングを楽しみたいのに、なかなか植物が上手く育たない」という相談を受けました。ほぼ真南に面したテラスですが、高さ1.4mの擁壁が日当たりを悪くしており、室内から見ても無機質で圧迫感のある状態です。

テラスはL型で、一部のみ奥行きが深くなっています。そこはやや日当たりがよいので、ウッドデッキ風にすのこを敷くことにしました。植物を飾る場所としてステージのように強調することで、室内からの視線を誘導しや

すくなります。また、擁壁にはウッドフェンスをしつらえ、木の温もり感をプラスしました。フェンスには壁掛け用のプランターを自由に飾ることができ、また高い場所に植物を飾ることで日当たりもよくなります。また、既存のつる植物のヤマホロシをフェンスにはわせて、さらに緑化を図る予定。「コンクリートに囲まれたテラスは、特に冬は寒々しい印象でしたが、木の質感が加わることで室内からの眺めが格段によくなりました」という感想をもらっています。

プランニングのポイント

A マンションに修繕などが入ったときに簡単に撤去できる造りにした

B 擁壁や既存のフェンスを上手く隠す高さは、視線が届きやすい180cmまで

C 一部のみウッドデッキ風のスノコを敷き、植物が映えるステージを制作

D 少しでも高い場所に植物を飾ると、日当たりが改善する

E 新しく入れた鉢のデザインは既存の鉢にイメージを揃えた

Before テラスの奥行きは2mほど。さらに折れ曲がって奥にもスペースがある

Before 擁壁の高さは1.4mほどで、室内から見ても圧迫感がある

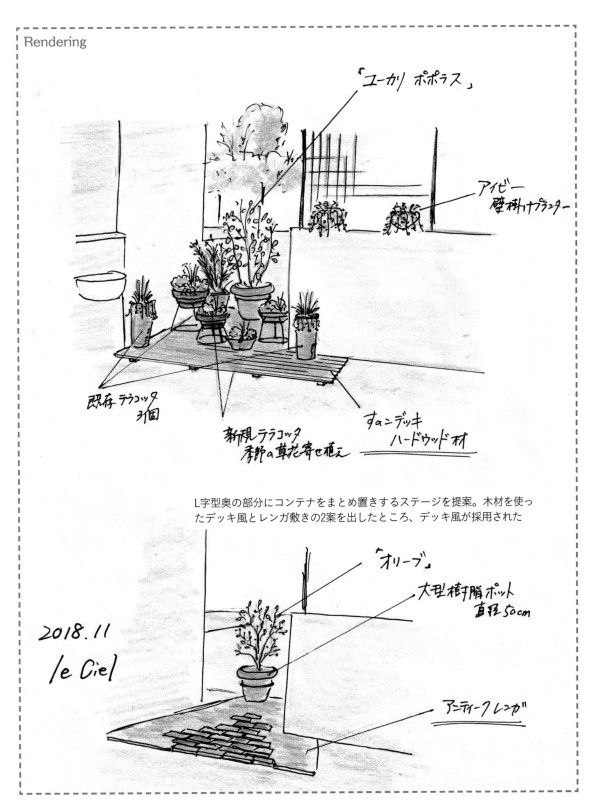

「ユーカリ　ポポラス」

アイビー
壁掛けプランター

既存 テラコッタ
3個

新規テラコッタ
季節の草花寄せ植え

すのこデッキ
ハードウッド材

L字型奥の部分にコンテナをまとめ置きするステージを提案。木材を使ったデッキ風とレンガ敷きの2案を出したところ、デッキ風が採用された

「オリーブ」

大型樹脂ポット
直径50cm

2018.11
le Ciel

アンティークレンガ

次ページに続く➡

ユーカリ'ポポラス'をシンボルツリーとして植栽。日当たりのよい場所にデッキ風のステージをつくり、コンテナを集めて飾ることにした。コンテナスタンドや深鉢を利用することで、日当たりが改善する

擁壁を目隠しする横張りのウッドフェンスを設置。壁掛け用プランターを気軽に飾れて、模様替えも簡単に。アイビーやヤマホロシなどのつる植物がフェンスを覆えば、さらにみずみずしさがアップする

植栽に使用した植物

ユーカリ'ポポラス'、リューカデンドロン、コルディリネ、ガーデンシクラメン、ツワブキ、斑入りアリッサム、宿根ネメシア、アイビー、アネモネ、カルーナ、ニューサイラン、ディコンドラ

駐車スペースの両サイド

新築のお宅で「道路に面したエクステリアにカーポートを設ける予定だが、植栽部も欲しい」とコンクリートを打つ前に相談を受けました。現地の環境を下見して、外構業者に2カ所の花壇スペースをつくってもらい、植栽を受け持ちました。

1カ所は既存ブロックの前に幅3m×奥行き10〜60cmを開けてもらい、カーブをつけてレンガで囲った花壇です。ここは日当たり抜群で、植物を育てるのに適した場所。シンボルツリーとして自然樹形が美しいヤマボウシを選び、塀にワイヤーを3段分渡してつるバラやクレマチスを這わせ、ブロックの質感を隠すことにしました。下草にはニューサイランやラベンダー、ユーフォルビアなどを多様に植栽。環境がいいので株幅が花壇から張り出してよく茂り、実際の花壇の広さ以上に緑化されました。

もう1カ所は、玄関前のアプローチ脇です。動線を確保したいので、植物が育つ最小限の奥行き15cmとし、コンクリート打ちっ放しで穴だけ開けてもらいました。こちらは隣家のフェンスや植栽もあって日陰の環境。クリスマスローズやギボウシ、ミスキャンタス、ツワブキなど日陰に強い植物を選びました。多年草をメインに、季

節ごとに開花リレーしていくようにも配慮しており、いつも何かしらの花が咲いているようにしています。最小限のスペースでも、十分にガーデニングが楽しめるという好例です。

Before

玄関アプローチ側には奥行き15cmの最小スペースを確保。植物が張り出して歩く時の邪魔にならないように配慮した

Before

ブロック塀、コンクリート打ちっ放しのカーポートという無機質な印象をやわらげるために花壇の縁取りにカーブを持たせている

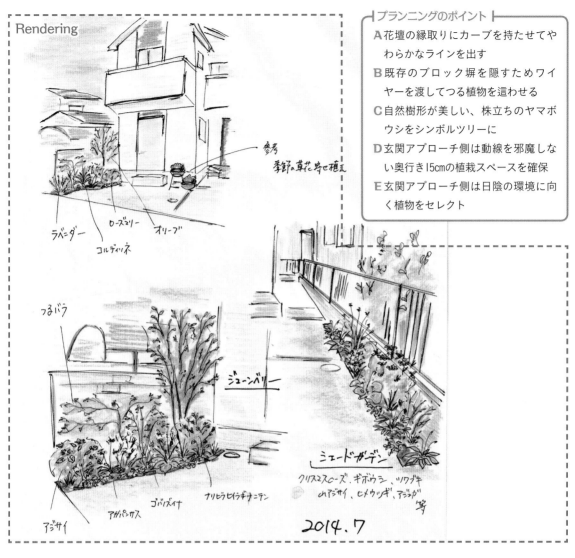

Rendering

参考
季節の草花寄せ植え

ラベンダー
ローズマリー
コルディリネ
オリーブ

つるバラ

ジューンベリー

アジサイ
アガパンサス
ゴバノイヌ
ナリヒラヒイラギナンテン

シェードガデン
クリスマスローズ、ギボウシ、ツワブキ、
ノリアジサイ、ヒメウツギ、アジュガ等

2014. 7

┤ プランニングのポイント ├

A 花壇の縁取りにカーブを持たせてやわらかなラインを出す

B 既存のブロック塀を隠すためワイヤーを渡してつる植物を這わせる

C 自然樹形が美しい、株立ちのヤマボウシをシンボルツリーに

D 玄関アプローチ側は動線を邪魔しない奥行き15cmの植栽スペースを確保

E 玄関アプローチ側は日陰の環境に向く植物をセレクト

Before

道路に面したカーポートの全景。道路側から見て左側と右側の端に植栽部を作った

次ページに続く ➡

実例⑮ 駐車スペースの両サイド

After

植え付けから1年後の初夏には、緑量たっぷりに生長した。環境がいいので株張りがよく、実際の花壇の大きさよりも広く見える

【カーブを設けた花壇】
ヤマボウシ、マホニア・コンフューサ、アジサイ、バラ'コーネリア'、クレマチス'白万重'、カレックス、ニューサイラン、ローズマリー、ラベンダー、ヒペリカム、アガパンサス、ユーフォルビア、クリスマスローズ、エキナセア

After

日当たりのよい花壇に植栽した直後の状態

植え付けから1年後の初夏。
奥行きたった15cmのスペースでも、多様な植栽で華やかに彩ることができる

植栽に使用した植物

【奥行き15cmの花壇】
ヤマアジサイ、ヒメウツギ、ペンステモン、
トクサ、エリゲロン、クリスマスローズ、
ツワブキ、ギボウシ、ミスキャンタス、
プルモナリア、アジュガ

After

玄関アプローチ側の隙間15cm
に植えつけたばかりの景色

庭のリノベーション

　新築時にコニファーのある芝庭をつくり、グリーンのグラデーションを楽しんでいたそうですが、庭のリノベーションを相談されました。当初は華奢だったコニファーが生長して膨らみ、庭の日当たりが悪くなっていたのが悩み。そのせいで芝生が枯れて地肌が露出し、雑草が生えるようになって、手に負えない状況だといいます。

　そこで、4本並んでいたコニファーのうち、真ん中の2本を抜くことに。残した2本は刈り込んでスマートに整えました。2本のコニファーの間には、目隠しとして花

や果実をつけるジューンベリーを植栽。コニファー裏の芝生はすべてはがしてレンガ敷きのテラスに整え、掃き出し窓の前には縁側スタイルのデッキを設けました。デッキに腰掛けて休憩できるし、テーブル&チェアを置けばくつろぎのスペースとして活用の幅が広がります。

　また、コニファーの足元にレンガを囲って花壇をつくりました。こちらはコニファー裏の日陰と日向が入り混じるので、適材適所の植栽に。もう一つ、家側にも半円形の花壇を設け、こちらは日当たりがよいので斑入りグミやビオラなどを植栽しています。

Before

コニファーの真裏は芝生が生えなくなり、地肌が露出して雑草が繁茂しがち

Before

日当たりがいいはずの庭なのに、一部にしか日が差さない

A 手に負えなくなったコニファー
は、思い切って2本を伐採

B 形が崩れたコニファーを、可能
な限り刈り込んでスマートに

C 常緑樹のコニファーの間に、自
然樹形が美しい落葉樹のジュー
ンベリーをプラス

D 芝庭の一部をレンガ敷きのテラ
スにして、アウトドアリビング
にリフォーム

E モダンな家の外観に合わせ、花
壇やテラスのデザインは直線的
なラインを採用

F 日陰と日向が入り混じるので、
適材適所の植栽をプランニング

テラスは乱形石板張りとレ
ンガ敷きを提案したところ、
レンガ敷きが採用された

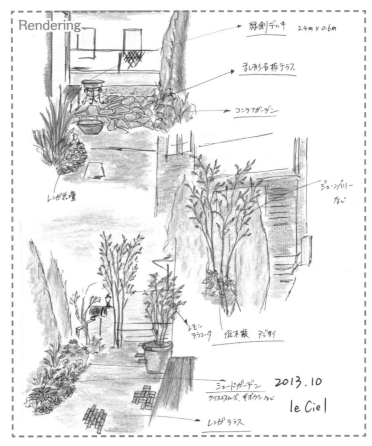

Rendering

緑側デッキ 2.4m×0.6m

まし形石板テラス

コニファガーデン

ジューンベリー
など

レンガ花壇

レモン
テラコッタ

低木類 アジサイ

シェードガーデン 2013.10
クリスマスローズ、ギボウシなど
le Ciel

レンガテラス

Before

コニファーが隙間なく茂
って膨らみ、車を停める
にも邪魔な状態

次ページに続く➡

After

家側の日当たりのよい場所に、半円形の花壇を新たに設けた

After

植栽に使用した植物

【半円形花壇】
斑入りグミ、
ニューサイラン、
ローズゼラニウム、
ビオラ

After

コニファーの足元に花壇をしつらえ、植栽スペースを絞り込んだ。花壇の枠組みはテラスに合わせて直線的なラインにしつつ、変化を持たせたデザインに

膨らみすぎたコニファーを刈り
込んで、形をきれいに整えた

After

シンボルツリーにジ
ューンベリーを加
え、足元には日陰に
強い植物などを植栽

After

芝生がはがれていた場所は
レンガ敷きのテラスに。テ
ーブル&チェアを置けば、居
住性が高まる

植栽に使用した植物

【コニファー株元】
斑入りグミ、
アベリア、
ローズマリー、
ラベンダー、
アガパンサス、
ヒューケラ、
ギボウシ、
クリスマスローズ、
エキナセア

ガーデンライトで夜も楽しむ①

やや傾斜のある土地で、枯れてしまった芝庭のリフォームを手がけました。レンガ敷きのテラスから緩やかなステップにした平板敷きのテラス、居室前のウッドデッキへと、３つのシーンでつないだお宅です。また、道路側から玄関扉までのアプローチが長く、夜になると足元が暗くなって歩きにくいことを相談され、ガーデンライトの設置を提案しました。

ガーデンライトは100ボルトライトと12ボルトライトがあり、100ボルトライトの設置には電気工事士の資格が必要ですが、12ボルトライトはDIY感覚で好きな場所

After －昼－

レンガ敷きのテラスと、緩やかなステップにした平板敷きのテラス。花壇の中に同じデザインで揃えたガーデンライトを設置した

After －昼－

に設置できるのでおすすめです。家庭用の100ボルト電源を12ボルトに下げる電源トランスと、電源トランスとライトをつなぐ屋外用ケーブルを準備する必要があります。これらをつないで、複数づかいにするとよく映えるデザインのアプローチライトを3カ所に配しました。12

ボルトライトといっても、十分な明るさで照らす能力があり、消費電力が少なく省エネにもなります。またトランスには光センサーによる自動点灯・消灯機能がついているので、点灯の手間がかかりません。LEDライトを利用すれば、虫が集まってこないのもメリットです。

┤プランニングのポイント├

A 12ボルトライトなら、資格がなくともDIY感覚で設置できる

B 家庭用コンセントに12ボルト用に変換するトランスを用いる

C LEDライトを選ぶと、虫が集まってこない

D 複数づかいをして映える、デザイン性に優れたアプローチライトをセレクト

E 室内側から見てもほんのり明るいナイトガーデンを楽しめる

After －夜－

After －夜－

12ボルト用に変換したライトだが、夜に明るく照らして歩きやすくするのに十分な光量を得られる。熱の発生が少ないLEDを使ったガーデンライトの寿命は約4万時間で、メンテナンスもかからない

ガーデンライトで夜も楽しむ②

配線が不要で、気軽に置けるソーラーライトの例です。ホームセンターでは、ステンドグラス風などオシャレなデザインが多様に揃っており、価格も幅があって選ぶ楽しみがあります。電気代が不要なのがメリットですが、必ず日当たりのよい場所に設置する必要があり、曇りや雨の日は暗い、点灯しないなど、天候に左右されこともあります。機能性というよりはデザイン重視で、気軽に楽しむのに向くアイテムです。

After －昼－

ソーラーライトを、日当たりのよいウォールスクリーンのトップに配置

After －夜－

アプローチには、植栽の中にフットライトを仕込んで足元を照らし、歩きやすくしている

ステンドグラス風のデザインで、光が灯るとよく映えてアイキャッチになる

Part 2

プランニングから
庭づくりまで

小さな庭のプランニング（植栽計画）

小さいスペースだからといって、行き当たりばったりで庭づくりを進めていくと、なんとなく統一感がなく居心地のよさを感じられない空間になってしまうことがあります。まずは、着地点を明確にすることから始めましょう。それには、しっかりプランニングしておくことが大切です。

プランニングの進め方

1. 現在の庭の環境を見て、改善点や希望をまとめる

まずは庭の方角を把握し、日照条件を把握しておきましょう。おのずと植栽スペースは絞り込まれてくるはずです。

また、既存の樹木はどれを残したいか、どれを伐採したいか、新たに植栽したいシンボルツリーはあるか、など改善点や希望を書き出していきます。同様に「舗装して歩きやすくする小道が欲しい」「くつろぎのスペースとしてウッドデッキが欲しい」「道路に面した方角には目隠しが欲しい」など、庭に取り入れたいアイテムなども書き出していきましょう。

2. 庭の寸法を測る

改善点や取り入れたいアイテムなどがまとまったら、それらを庭のどこに、どのくらいのサイズで設置したらバランスよくおさまるか、採寸していきます。同時に、大体でいいので庭の平面図にサイズを書き入れながら、より具体的にしましょう。

3. 目指すイメージを明確にする

どんなアイテムを、どれくらいのサイズで取り入れるのかが決まったら、ナチュラルか、和風モダンか、アンティーク風か……といった具合に、目指すイメージを明確にしてみましょう。するとどんな資材や植物が似合うのか、全体の統一感を意識することができます。

4. 必要な資材を準備する

ここまで庭の完成へのイメージが膨らんだら、どんな資材をどのくらいの分量で揃えたらいいのか、割り出してみましょう。必要なレンガの量やフェンス用のパネル枚数など、デザインの統一感も含めて検討し、ホームセンターで資材を購入します。

5. 必要な植物を準備する

植栽スペースの日照条件に合う、取り入れたい植物のリストをつくります。樹木、多年草、一年草、つる植物に分けて、庭の環境に馴染みやすい植物を選択しましょう。

樹木は、シンボルツリーを1〜2本選んでアイキャッチにし、草花とシンボルツリーをつなぐ低木を数種類入れると、バランスよくまとまります。多年草は、春から秋まで開花が順次、リレーしていくように多種類を植栽するのがおすすめ。季節を彩る一年草は、花壇の手前やコンテナなどに絞ると、植え替えが楽になります。

植栽プランのテクニック

最初に主役の植物を決める

まず、シンボルツリーとなる中高木や主役となる草花を決めると、合わせていく草花が見えてきます。庭の日照条件に合えば、見た目の好みで選んでOKです。

落葉樹には常緑樹を合わせてフォロー

シンボルツリーに落葉樹を選んだ場合は、冬には葉をすっかり落として寂しくなってしまいます。そのフォローとして、脇役となる低木には、数種類の常緑樹を選んで植えると、気にならなくなります。低木は、夏には存在感が薄くなりますが、冬には主役として立ってくるので、葉のフォルムや色が美しい樹種を選ぶのがおすすめです。多年草も同様で、落葉性と常緑性を混ぜてメリハリをつけましょう。

主役の色に合わせて花色・葉色を合わせる

主役が決まったら、花色や葉色が同系色の植物でまとめると、統一感が生まれます。暖色または寒色でまとめたなかに、差し色として白または黒赤など、明度の異なる花色を加えると、アクセントを効かせることができます。

草姿のフォルムの違いで対比させる

植物の葉のフォルムに注目すると、実に多様なことがわかります。ギボウシなど葉の大きなもの、ニューサイランなど細長い葉を放射状に伸ばすもの、ツワブキなど丸い葉を持つもの、タイムなど小さな葉を密につけるもの、シロタエギクなどレースのように繊細な質感のもの……これらのフォルムの違いを対比させて組み合わせると、花のない時期でも変化に富んだシーンを作ってくれます。

カラーリーフで表情を豊かに

カラーリーフとは、葉色の美しい植物のことで、シルバーグリーン、黄、オレンジ、赤紫、茶色、黒、白や黄色の斑入りなど、その種類は大変多彩です。草花の引き立て役として、カラーリーフを植栽すると、より花壇の表情が豊かになります。

壁面を利用してつる植物を取り入れる

塀やスクリーンなどがあれば、つる植物を足元に植栽し、つるを這わせて緑化するのがおすすめ。流れるようなラインが動きを出して、庭に躍動感を与えてくれることでしょう。面が広ければ、2〜3種類のつる植物をミックスすると、互いに引き立て合う効果が生まれます。

見取り図を描いて具体的にイメージする

平面図の他に、立体的な見取り図を描いてみると、「どんな庭にしたいか」の全体的なイメージがつかみやすくなります。作業前の庭の写真を撮り、それを元に描き起こすと、絵が得意ではない人でも意外と簡単に描くことができます。全体のイメージをつかむことが目的なので、細かく描き込む必要はありません。

参考資料や注意事項があれば、図面に貼り付けたり書き入れたりして、作業に取り掛かる前に植栽計画をできるだけ明確にしておきましょう。

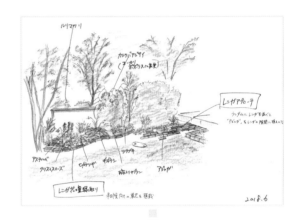

写真を元に植栽スペースの立体図を描き起こし、そこに「レンガを○○のように敷く」「この植物をここに配置する」など、希望する内容を描き込んでいく。上記の実例について、詳しくは28〜31ページを参照

小さな庭を飾るアイデア

ウェルカムボードや花台、壁面を活用して、小さなスペースを立体的に演出しましょう。また、植え込みに利用できる地面が狭い場合や、ほとんどない場合に使える寄せ植えの方法なども紹介します。

ウェルカムボード

スノコを活用してつくる、看板スタイルのウェルカムボードです。トップを蝶番でとめるだけなので、初心者でも簡単に完成します。ミニサイズのコンテナや壁掛け用バスケット、雑貨などの立体的なディスプレイができ、玄関先などの小さなスペースでも活躍。好きな色のペンキで塗ったり、「Welcome」などの文字をステンシルしたりと、さまざまなアレンジもおすすめです。

01

丈夫で腐食しにくいヒノキ製のスノコを2枚用意し、トップ(頂部)を固定してボードにする

02

雨ざらしにしても腐食しにくいように、スノコの表面にオイルステインを全体に塗る。作業の際は換気に注意

03

広い面を塗るのに便利な刷毛を使用。細かい部分を塗る刷毛と使い分けると作業がしやすい

04

表面だけでなく、裏やゲタまでまんべんなく全体に塗る。全面を2度塗りし、しばらく置いて乾燥させる

05

オイルステインが乾いたら、頂部に蝶番を取り付ける位置決めをし、軽く印をつける

蝶番と木ネジはホームセンターなどで入手できる

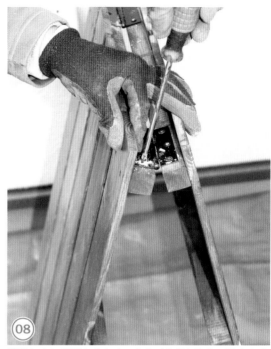

開けた穴に蝶番を合わせ、木ネジを差し込んで固定する

木ネジを差し込む穴を開ける。電動ドリルを使うと作業がスムーズ

2つのスノコをジョイントした状態。2段目の脚にストッパーをつけるとより強度が増す

次ページに続く➡

⑩ スノコの片面に、木ネジでハンガーフックを固定する

⑪ もう一方の片面には、ミニコンテナや雑貨をディスプレイできるカゴを設置

⑬ スコップや寄せ植えしたハンギングバスケット、ミニコンテナ、雑貨などをディスプレイ

⑫ ハンギングバスケットを飾るための木ネジをさし込み、ハンギングバスケットを配して調整

(14)

飾付の例

(15)

立体的なデイスプレイができるため、狭小地などにおす
すめ

レンガでつくる花台

　レンガを使って3種の花台をつくりました。コンテナをただ並べるだけでは味気ない印象になってしまうものですが、花台を利用して高低差をつけてディスプレイすると、主役と脇役のメリハリ感が生まれます。立体的なディスプレイをすることで、実際よりも奥行きを広く感じる視覚効果も。季節の花を咲かせた、華やかな寄せ植えコンテナをより引き立てるステージとして活躍します。

01 花台1種目。歩きやすくするための舗装用レンガとは異なる、装飾用の厚みの薄いレンガを使用する

02 積み上げるだけではぐらついて危ないので、レンガ同士は、コンクリート用接着剤で固定する

03 中央に水抜き用の穴を設け、レンガを組み上げる

04 底板を敷き、接着剤をつけたレンガを載せて固定。バランスのよい高さまで組み上げる

05

高くするほど花台の重量も増すので、配置したい場所で作業するとよい

06

花台2種目。レンガを3段積んで、厚めの板を渡すだけでOK

07

花台3種目。レンガを4つずらし置きして完成。これも簡単！

コンテナをいくつか置く際は、高低差をつけてバランスを取ると変化がついて、見映えがよくなる。コンテナの素材を揃えるのもポイント。寄せ植えのつくり方は次に紹介する

寄せ植えと土づくり

　3パターンの寄せ植えをつくりました。ここで用いた鉢は陶器製に見えますが、軽くて扱いやすい樹脂製です。樹脂製の鉢は、ひと昔前よりもデザイン性に優れるものが多く出回るようになっています。

　寄せ植えをつくる際は、日なたを好むもの同士、半日陰を好むもの同士などと、日照条件の好みが合うものを組み合わせるが基本です。まずどの植物を主役にするのかを決めてから、花色やカラーリーフの濃淡、草丈など相性よくまとまる脇役たちを選ぶと、統一感が出ます。

土を配合するためのトレイ、土入れ、スコップ、植物を植えるコンテナを用意する

陶器風デザインの鉢。じつは樹脂製なので大鉢でも軽くて運びやすく、割れにくい

赤玉土の小粒5、ピートモス2、腐葉土2、バーミキュライト0.5、パーライト0.5の配合土にする。そこへ緩効性化成肥料、害虫予防用のオルトランを配合土の分量に合わせた規定量を加え、よく混ぜ合わせる。農薬を用いたくない場合、ハーブや野菜などを育てる場合はオルトランを入れなくてもよい

鉢底石を敷いて、配合土をコンテナに入れていく

寄せ植えする植物をポットごと入れて仮置きし、バランスよくまとまるように位置決めをする

06 植物をポットから抜いて、根が白く回っていたら軽くほぐし、植え付けていく。雑草や枯葉があれば取り除いておく

07 根鉢と根鉢の間にもしっかりと土が入るように割り箸などでつついて土を奥まで詰める

08 寄せ植えの完成。主役にする植物を決めてから、合わせる植物を決めていくと全体の統一感が出る

ローダンセマム‘プチマカロン’の愛らしいピンクを主役に

白い花弁にほんのり紫色が乗るビオラ。軽くウェーブがかかる品種

引き締め役となるワインレッドのビオラ

ユーフォルビア‘ゴールデンレインボー’は、ブルーグリーンの葉に黄色や赤の斑が入る

既存のブロック塀やフェンスが、庭や玄関先の雰囲気に合わず、イメージを損ねてしまうケースはよくあるもの。そんな時はつる植物を這わせて、存在感を隠してしまいましょう。ビスを打ってワイヤーを這わせ、日照条件に合うつる植物を植え付けて這わせます。2〜3種類のつる植物を組み合わせると、変化をつけることができます。ブロック塀を枝葉で全て覆い尽くすと、かえって鬱蒼とした雰囲気になってしまうので、頭1つ分くらいは出して、奥行きを認識させる視線の止めを作っておくのがポイントです。

つる植物をしっかり支えるために、ワイヤーはピンと張って強度を高めるのがポイント

古いブロック塀を緑化して隠した例

ブロックにビスを打ち込み、「ターンバックル」がついたワイヤーを渡す

ワイヤーにつる植物を仕立てる。クレマチス、ビナンカズラ、ロニセラを這わせ、みずみずしい雰囲気に

表札前の小スペース

　玄関が道路に面している住宅では、敷地内や玄関内が丸見えにならないように、表札&ポストなどをまとめた多機能タイプのウォールスクリーンを配置することが多いものです。このウォールスクリーンを、植物のフォルムを引き立たせるキャンバスがわりに利用し、植栽スペースを作っておくとエクステリアがぐっとセンスアップします。奥行きが最小でも15cmあれば、植栽には十分なスペースです。低木やつる植物、カラーリーフなどを植えて、センスが光る演出してはいかがでしょうか。

01 表札を背景に、道路前約15cmのスペースを空けて植栽スペースを作った

02 植栽しているのは、紫のセージ、ピンクのミニバラ、ミニタイプのストック、カラーリーフなど

庭の植物を室内で観賞する

　あまり庭を観賞する時間が取れないという場合は、美しく咲く花やみずみずしい枝葉を庭から少し拝借し、室内で愛でるのもよいでしょう。樹形や草姿を整えたり、次の芽やつぼみの生長を促したりする効果もあります。

ガーデンライト

　エクステリアの演出では忘れられがちですが、ガーデンライトもその家の個性を引き出すアイテムです。表札が読めるようにする、足元を照らしてアプローチを歩きやすくする、防犯の目的で熱センサーのあるライトを導入する、などの目的に応じた取り入れ方をするとよいでしょう。特に機能性を持たせなくても、気に入ったデザインのライトを一つ灯しておくと、夜に疲れて帰宅したときに「わが家に帰ってきた」とホッとできる、安らぎ効果も得られます。

夜帰宅して、ほのかに照らされた庭を眺めてホッとひと息。ガーデンライトについては、70〜72ページも併せて参照

庭づくりの作業

幅約10m、奥行き約1.2mの南向きのスペースのうち、個室に面した一角でガーデニングを楽しみたいと、さら地からの庭づくりを依頼されました。南側には向かいの家が建ち、高いブロック塀と目隠しのフェンスがあり、さらに2階ベランダの庇によって日当たりが悪く、薄暗い環境。東側の角のみ建物の隙間からわずかに日が当たる時間があります。

今回は、幅約3mの掃き出し窓前のスペースにガーデンをつくることにしました。リサイクル耐火レンガを敷いて地面を整え、ブロック塀にはウッドフェンスでカバーして木の温もり感をプラス。シンボルツリーとして、オーナー希望のジューンベリーを配し、サブにはコバノ

ズイナ、ヤマアジサイ、マホニア・コンフューサ、芳香のある斑入りジンチョウゲなど、日陰でも楽しめる低木をセレクトしました。

さらに下草も多年草をメインに、美しいカラーリーフや斑入り、日陰でも咲く草花を選んで、少しでも明るい雰囲気が出るようにしています。

一方、玄関の表札脇のわずかな植栽スペースは、北側で直射日光は当たらない場所。ただし、道路に面しているため間接光によって明るい日陰となっています。

シンボルツリーにはオリーブを選び、その足元にはローズマリーやタイム、ローズゼラニウムなど、香りのよいハーブを集めました。

家から張り出す軒も光を遮る

植物の水やりや外まわりの掃除用に、あらかじめ水栓と排水設備を設けてある

隣との境界には高いブロック塀が影を落とす

室内からの眺め。すぐ先のブロック塀には圧迫感がある

Rendering

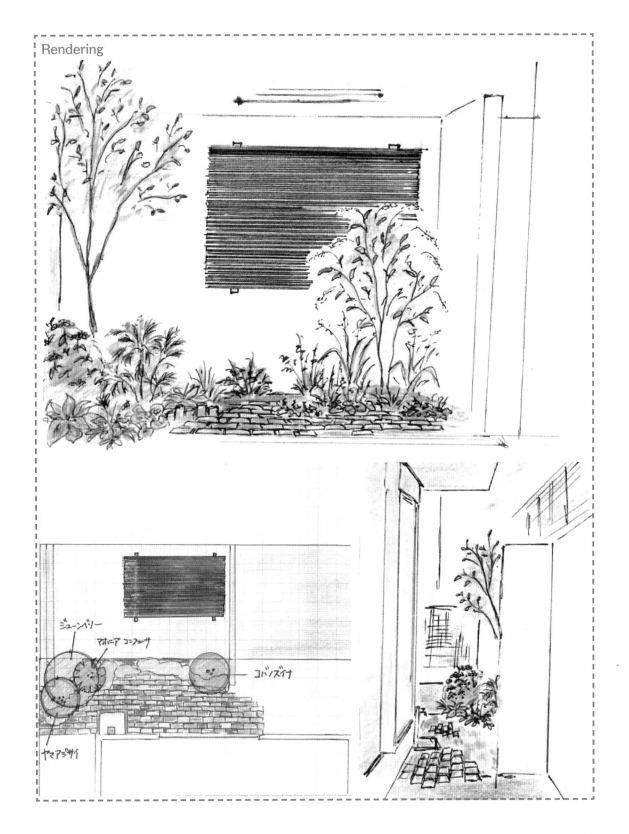

87

01

レンガを敷く前に川砂を敷いて平らにする。レンガを配置する時に平らにしやすく、排水性を高める効果もある。厚みは約3cmが目安。このスペースで1袋(20kg)を5袋使用

02

しっかり踏み固めたのち、川砂を平らな棒でならしながらレンガを敷いていく。水準器を使いながら進めるときれいに仕上がる

03

レンガの高さは、既存のものなどを基準に決める。交互に配すので、空きも出てくる。プロはレンガを切って埋めるが、DIYでは寸法通りに切るのは難しいため、多肉植物などの地植えスペースとして使うとよい

04

レンガにある文字や模様、色などのバランスをとりながら、交互に配していく

05

レンガを敷き終えた。このスペースで150個使用。直線的にせずに凸凹をつけた方が、広がり感をもたらす視覚効果がある

06
仕上げに、レンガの縁をバールで打ちつけて固定する

07
レンガ敷き用の珪砂を目地に入れ込んでいく。目地を埋めることで、レンガがしっかり固定される

ブロック塀へガーデンフェンスの取りつけ

01
用意した資材とのバランスを見ながら、ブロック塀に穴をあける位置を決める

02
ブロック塀に資材を固定するための穴をあける

03
1本目の柱ブロック塀の上部にビスで打って固定する

04
1本目の柱が垂直に立つように水準器ではかって、数本のビスを打ってとめる

05
2本目の柱は、1本目の柱と高さを揃えてブロック塀にビスで打つ

06
2本目の柱も垂直に立つように水準器ではかり、数本のビスを打ってとめる

次ページに続く➡

07 水平を出して一番上の角材(15×18mm)を固定。隙間に端材をかませて、等間隔になるように角材を固定していく

08 左右の端を揃えるため、片方に当て木をしながら進めるとラインが整う

09 木はやや歪みがあるものもあるが、味わいとして調整しながら進めてよい

10 下部は植栽スペースとなり、水やりなどで腐食の原因になるので、空間を残しておく

11 ウッドフェンスの完成。木の温もり感が加わり、無機質な印象が解消された

土づくり・元肥

01 植栽スペースに堆肥をまいて、土壌改良する。有機質資材を入れることでふかふかの土になる

02 元肥として緩効性化成肥料「マイガーデン」をまく

03 春先から発生しやすいアブラムシ、ヨトウムシなどの害虫対策に、土中に混ぜるタイプの殺虫剤「オルトランDX粒剤」を加える

04 スコップでよく耕し、全体に混ざるようにする

植えつける植物の準備

01 まず、骨格となる樹木の配置を決めていく。ポットのまま仮置きしてバランスを見る

02 主役の配置を決めて植栽した後に、下草の配置を決めていく

マホニア・コンフューサ

コバノズイナ

植栽に使用した植物

【樹木】 ジューンベリー、コバノズイナ、ヤマアジサイ'海峡'、マホニア・コンフューサ、ヒイラギナンテン、オタフクナンテン、ジンチョウゲ、斑入りヤブコウジ、ヒメウツギ

【下草】 八重咲きシュウメイギク、ヒメリュウキンカ、エリゲロン、斑入りホトトギス、斑入りツワブキ、ミニスイセン'ティタティタ'、アジュガ、ギボウシ'ハルシオン"シェードファンファーレ'、ヒューケラ'パレスパープル"アメリカーナ'、アスチルベ'コンパクトミックス'、シオン、斑入りヤブラン

【既存の植物】 スズラン、クリスマスローズ

03 ツワブキやギボウシなど、日陰に強い植物を集めた

04 ヒメウツギやジンチョウゲ、ヤブコウジなどの低木は、樹木と下草をつなぐ役割となる

01 シンボルツリーとなる、ジューンベリーから植えつける

02 骨格となるマホニア・コンフューサ、コバノズイナを植える

03 低木や下草をポットのまま仮置きし、バランスを見ながら配置決めをする

04 全体の配置が決まったら、ポットから抜いて植えつけていく

05 ジューンベリーは、しっかり根づくまで約1年は支柱を立てて倒伏を防ぐ

植えつけたところ

すべての樹木、低木、下草の植えつけを完了。みずみずしさが加わった

紅葉が美しいコバノズイナ

唯一日が差す一角に、シンボルツリーとしてジューンベリーを配した。新緑が美しく春に白い花が満開になる。さらに初夏には実を収穫でき、晩秋に紅葉する

細葉のフォルムが美しいマホニア・コンフューサの前に、丸葉の斑入りツワブキを合わせた

最後にたっぷりと水やりをする

早春から咲くミニスイセン'ティタティタ'

冬になると葉が赤く発色する、常緑樹のオタフクナンテン

シェードガーデンで活躍するアスチルベ'コンパクトミックス'

明るい斑入り葉のジンチョウゲと対照的なブロンズ葉のヒューケラ'パレスパープル'

日陰に強い植物を集めたシェードガーデンが完成。植物を入れたことで、奥行き感や立体感が生まれ、Beforeよりも広く感じさせる

レンガ敷きのドライエリアを設け、地植えスペースを絞り込んだことでゾーニングされ、より庭らしくなった

今後植物が生長して、株がレンガの際を隠すとさらにナチュラル感が増す

しなやかな枝ぶりの樹木を植えたことで、立体感が強調された

日当たりの悪いスペースには、日陰を好むミョウガを植えた。うまく育てば7月頃から収穫も楽しめる

ウッドフェンスは、つる植物を仕立てたり、ハンギングバスケットやガーデンアクセサリーをディスプレイしたりするのにも役立つ

植えつけから約半年後のようす。植物はいきいきと生長し、ジューンベリーは赤い実をつけている

 工事中のエクステリア。打ち合わせの際に、業者に植栽スペースを設けるように依頼しておいた

地植えスペースの土を掘り出して堆肥、緩効性化成肥料「マイガーデン」、殺虫剤「オルトランDX粒剤」を入れてよく混ぜ合わせる

 表札の脇に設けられた幅32cm×奥行き30cmの植栽スペース。レンガを2段積みして囲ってあったので、盛り土ができる

シンボルツリーのオリーブ'オヒブランカ'を中心に、ローズマリー(立性)、斑入りヤブラン、タイム(這性)、カルーナ、コンボルブルス・クネオラムをポットのまま配して位置決めする

すべての植物を植えつけて、完成

Part 3

小さなスペース向きの
植物カタログ

オリーブ
Olea europaea

日なた／水はけのよい土を好む

モクセイ科
別名：カンラン

シルバーグリーンの葉がさわやかで、開花や収穫も楽しめる。マイナス３～５℃まで耐え、屋外での栽培は関東以西が適している。根張りが浅く、強風によって傾きやすいため、植え付け後は支柱を立てて誘引を。冬の乾燥した風を苦手とするため、寒風が吹きつけない場所で管理する。生長が早く、樹形が乱れやすいので毎年の切り戻し剪定でコントロールする。収穫を目的とするなら、異なる２品種以上を植えて受粉率を上げるとよい。

基本データ
原産地：小アジア、地中海沿岸／樹高：６～10m

 植えつけ３～４月、９～10月 ● 施肥３月、９月 ● 花芽形成１～２月 ● 花期５～６月 ● 熟期10～11月 ● 剪定２月

※株元に穴を開けて枯死させるオリーブアナアキゾウムシに要注意。見つけたら捕殺するか薬剤で駆除する。

カラタネオガタマ
Michelia figo

日なた～明るい日陰／やや湿り気のある土を好む

モクレン科
別名：トウオガタマ

直径約３cmの花が咲き、甘い香りを漂わせる。花色は縁にほんのりピンクがのるクリーム色や赤紫がある。寒さには弱く、屋外での栽培は関東以西が適している。また、西日がきつく当たる場所は避ける。移植を嫌うので、植える場所の環境など適した場所を吟味しておきたい。湿り気のある土壌を好むため、真夏に雨が降らず乾燥する場合は水やりをしっかりと。自然に樹形が整うので徒長枝や込み合っている部分を剪定する程度でよい。

基本データ
原産地：中国／樹高：３～５m

 植えつけ３月、９月 ● 施肥２～３月、６～７月 ● 花芽形成８月 ● 花期５～６月 ● 熟期９～10月 ● 剪定６月中下旬

カルミア
Kalmia latifolia

日なた〜明るい半日陰／水もち、水はけのよい土を好む

ツツジ科
別名：アメリカシャクナゲ、ハナガサシャクナゲ

コンペイトウのような蕾が愛らしく、花も大変華やかなため花木として人気が高い。花色は赤、ピンク、白、茶色など。移植を嫌うので、植え場所をしっかり吟味しておきたい。根が細く、浅い部分に張るため、真夏の乾燥によって弱ることがある。株元にバークチップなどを敷いて乾燥対策をし、水やりをして補うとよい。終わった花は早めに摘み取り、木が消耗するのを防いで新梢を促す。剪定は込んでいる部分を切って、風通しをよくする。

基本データ
原産地：北アメリカ東部／樹高：１〜４m

植えつけ２月下旬〜５月、９〜10月　　施肥７月　　花芽形成７〜８月　　花期５月中旬〜６月　　熟期10月　　剪定11月

キンカン
Fortunella spp.

日なた／水はけ、水もちのよい土を好む

ミカン科
別名：キンキツ

苗木から育てて、実がつくまでは２〜４年かかる。寒さに弱い性質で、栽培適地は関東南部以西。初夏から夏にかけて小さな白い花が繰り返し咲き、３〜４回の開花のピークがある。冬になる実は皮ごと食べられる。果実を充実させるには、９月以降についた実は摘果し、半分くらいにまで減らすとよい。樹形はまとまりやすく、込み合った部分を切り取って内部まで日が当たるようにする程度の剪定でよい。園芸品種はトゲがなく、扱いやすい。

基本データ
原産地：中国／樹高：２m

植えつけ３月下旬〜４月中旬、10〜11月　　施肥２月、10月　　花芽形成６月　　花期７〜８月　　熟期12月〜３月上旬　　剪定２月下旬〜３月

ギンバイカ
Myrtus communis

日なた／水はけのよい土を好む

フトモモ科
別名：マートル

　ほのかに甘くシャープな香りをもつハーブとして、料理や化粧水、アロマテラピーなどに用いられる。日当たりと水はけのよい肥沃な土壌を好むが、多少日当たりが悪くても耐える。寒冷地では鉢植えにして冬は軒下へ。丈夫で刈り込みによく耐え、コンパクトに仕立てられる。放任しても整うので剪定はほとんど不要だが、育ちすぎたり樹形が乱れたりしたときは、花後に切り詰めるか込み合った枝を間引く。

基本データ
原産地：地中海地方／樹高：１〜３m

植えつけ３〜４月　施肥２〜３月　花芽形成８月　花期５〜７月　剪定６〜７月下旬

ゲッケイジュ
Laurus nobilis

日なた〜明るい半日陰／水もち、水はけのよい土を好む

クスノキ科
別名：ローリエ、ベイ

　乾燥させた葉はローリエ、ベイリーフとも呼ばれ、煮込み料理の香りづけなどに利用できる。春に小さなパステルイエローの花が咲く姿がかわいらしい。雌雄異株で、日本ではほとんど雄木が流通している。元々暖地に自生する植物で暑さには強く、寒さは耐寒マイナス8℃くらいが目安。寒風が吹きつけない場所を選ぶ。萌芽力が強いので、枝が込み合ってきたら、適宜間引き剪定をして風通しよく管理する。冬の剪定は木が弱るので避ける。

基本データ
原産地：地中海沿岸／樹高：0.5〜５m

植えつけ４〜５月、9〜10月　施肥１〜２月、8〜9月　花芽形成9〜10月　花期４〜５月　熟期10月　剪定４〜５月、10〜11月

シマトネリコ
Fraxinus griffithii

日なた～明るい日陰／水はけ、水もちのよい土を好む

モクセイ科
別名：タイワンシオジ

　風に揺れるやわらかな質感の葉が魅力で、繊細な株立ち種に特に人気がある。初夏に白い花がたっぷりと咲き、秋にはさや豆のような実がつく。寒さに弱い性質で、栽培適地は関東南部以西の暖地向き。常緑性だが、冬に葉を落とすことがある。根づいたあとは生長スピードが上がり、旺盛に枝葉を伸ばして大きくなるので、真冬を除いて随時切り戻して樹形をキープする。枝先に花が咲くため花芽形成後に剪定する場合は、控えめにするとよい。

 基本データ
原産地：沖縄、台湾、中国、フィリピン／樹高：10m

植えつけ 4 ～ 5 月、9 ～ 10 月　施肥 2 月　花芽形成 3 ～ 4 月　花期 5 ～ 6 月　熟期 10 ～ 11 月　剪定 3 ～ 12 月

常緑ヤマボウシ
Cornus hongkongensis

日なた～明るい日陰／水はけ、水もちのよい土を好む

ミズキ科
別名：トキワヤマボウシ

　春に咲く花が一段落して端境期にさしかかる頃、さわやかな白花が満開になって存在感を強める。秋には丸くて赤い実がつりさがる姿も愛らしい。寒さに弱く、栽培適地は関東北部以西。半日陰でも生育するが、花数が少なくなる。乾燥を苦手とするので、真夏に晴天が続く場合は水やりをし、乾燥防止にバークチップなどで株元をマルチングして対策するとよい。樹勢が強いため毎年剪定し、込み合った部分などを切ってスマートな樹形を保つ。

 基本データ
原産地：中国／樹高：5 ～ 10m

植えつけ 2 ～ 3 月、10 ～ 11 月　施肥 2 月、8 月　花芽形成 8 月　花期 6 月　熟期 10 月　剪定 11 ～ 2 月

ソヨゴ
Ilex pedunculosa

日なた～明るい日陰／水はけ、水もちのよい土を好む

モチノキ科
別名：フクラシバ

　軽やかな質感の葉で、サラサラと葉擦れの音が心地よい人気の常緑樹。初夏に白く小さな花が咲く。雌雄異株で、雌木には秋に真っ赤な丸い実がついて愛らしい。雌木と雄木を近くに植えると、実つきがよくなる。寒さに弱く、栽培適地は関東以西。生長が遅く自然に樹形が整うので放任してもいいが、木姿が乱れてきたら冬に不要な枝や込み合っている枝、伸びすぎている枝などを剪定する。花芽は新梢にできるので、春先に剪定しても実がつく。

基本データ
原産地：日本、台湾、中国／樹高：5～8m

植えつけ5月、9月　施肥2月　花芽形成4～5月　花期6～7月　熟期10月　剪定11～12月

ハイノキ
Symplocos myrtacea

日なた～明るい日陰／水はけ、水もちのよい土を好む

ハイノキ科
別名：イノコシバ

　春にやや長いしべを持った白い花が多数咲く。秋には黒い実がつき、野鳥が好んでやってくる。細い枝が地際から立ち上がって株立ち状になる、繊細な樹形が魅力。葉が密につくので、目隠しとして利用してもよい。寒さに弱く、栽培適地は南関東以西。生長は遅く、自然に樹形が整うので、込んでいる部分を切り取って風通しをよくする程度の剪定にする。古くなった枝は元から切り取り、新しい枝に切り替えるとスマートな姿を保てる。

基本データ
原産地：日本／樹高：5～10m

植えつけ4～5月　施肥2月　花芽形成7～8月　花期4～5月　熟期8～10月　剪定12～2月

フェイジョア

Acca sellowiana（*Feijoa sallowana*）

日なた〜明るい日陰／水はけ、水もちのよい土を好む

フトモモ科
別名：アナナスガヤバ（パイナップルグァバ）

美しいシルバーグリーンの葉を持つ。初夏にパステルピンクの花が咲き、長いしべを持っているのが特徴的。トロピカルフルーツに分類される果樹でもあり、晩秋に芳香のある甘い果実を収穫できる。ただし自家結実性が弱いので、果実の収穫を望むなら異なる品種を組み合わせて植栽し、人工授粉を行う。温帯から亜熱帯に分布し、マイナス10℃まで耐える。成木に育ったら、適期に込み合っている部分を間引き剪定し、風通しよく管理する。

基本データ
原産地：ウルグアイ、パラグアイ、ブラジル南部／樹高：2〜3m

植えつけ3月下旬〜4月中旬　施肥2月　花芽形成8〜9月　花期5月下旬〜6月　熟期10月下旬〜12月中旬　剪定3〜4月中旬

ブラシノキ

Callistemon spp.

日なた〜明るい日陰／水はけのよい土を好む

フトモモ科
別名：カリステモン、キンポウジュ

名前の通りに、ブラシのようなユニークな姿の赤い花を咲かせる。種類は豊富で、ピンク、白などの花色もある。明るい日陰でも生育するが、花数が少なくなる。暑さに強く、乾燥に強い性質だが、寒さには弱いので地植えするなら暖地向き。暖かい地域でも、寒風が吹きつける場所では葉が傷むので注意。8月には花芽ができるので剪定は開花後すぐに。放任しても樹形は整うが、枝がよく伸びるので開花枝を枝分かれしている部分まで切り戻す。

基本データ
原産地：オーストラリア、ニューカレドニア／樹高：2〜5m

植えつけ4〜9月　施肥5月下旬〜6月、9月　花芽形成8〜9月　花期5〜6月　剪定6月下旬〜7月上旬

ミモザ（アカシア）
Acacia baileyana

日なた／水はけのよい土を好む

マメ科
別名：ギンヨウアカシア

シルバーグリーンの美しい葉色は、カラーリーフとしての観賞価値がある。春にポンポンのような黄色い花を枝いっぱいに咲かせ、見応えがある。マメ科の植物らしいタネが入った鞘を多数つける。寒さに弱く、栽培適地は関東以西。移植を嫌うので、植え場所の選定にはよく吟味を。根が浅く張るため、強風で倒れやすいので植えつけから数年は支柱を立てて補強しておくとよい。生長が早いので、毎年剪定して大きくなりすぎないようにする。

基本データ
原産地：オーストラリア南東部／樹高：5〜15m

植えつけ5〜6月　施肥4月　花芽形成8〜9月　花期3月　熟期5〜6月　剪定5〜7月

ユーカリ
Eucalyptus

日なた〜明るい日陰／水はけのよい土を好む

フトモモ科
別名：ユーカリノキ

シルバーがかった明るい葉色は、カラーリーフとしての観賞価値がある。ユーカリは約600種が確認されており、種類によって耐寒性には幅があるため、購入時にラベル等で性質を確認しておきたい。全般には暑さや乾燥に強い。移植を嫌うので、植えつける場所にはしっかり吟味する。原産地では60mに達するとされるが、日本でも旺盛に生育して4〜5mに育つ。あまり大きくしたくなければまめに剪定して、スマートな姿を保つとよい。

基本データ
原産地：オーストラリア南東部／樹高：5〜60m

植えつけ5〜8月　施肥4〜8月　花芽形成、花期、熟期：種によって異なる　剪定3〜5月、9月

ユズ
Citrus junos

日なた／水はけ、水もちのよい土を好む

ミカン科
別名：ユノス

初夏に、小さな白い花がたっぷりと咲く。花には甘くさわやかな香りがある。果実は収穫して、料理の風味づけや菓子などに利用できる。柑橘類のなかでも耐寒性がある方で、東北地方南部まで庭植えで越冬でき、初心者でも育てやすい。立ち性の樹形で、樹高が目標に達したら頂部を切り取り、芯をとめて高さを抑える。樹勢が強いので徒長枝や込みあっている枝を切り取る。7月初旬頃に摘果して、8分くらいまで黄色く色づいたら収穫する。

基本データ
原産地：中国／樹高：3〜10m

| 植えつけ3〜4月、10月〜11月上旬 | 施肥3月中旬〜7月、9〜10月 | 花芽形成1月〜3月上旬 | 花期5月中旬〜6月上旬 | 熟期9月〜12月中旬 | 剪定12〜2月 |

レモン
Citrus limon

日なた／水はけ、水もちのよい土を好む

ミカン科
別名：クエン

5〜10月まで周期的に開花するが、最盛期は初夏で芳香を持つ白い花が咲く。冬に果実が黄色く熟した順に収穫する。柑橘類の中でも耐寒性は弱い方で、地植えは東京以西の太平洋側など、温暖な地域に向く。夏に晴天が続き乾燥する場合は、水やりをして補う。トゲがつくので、まだやわらかいうちに取っておくと管理がしやすくなる。夏以降についた小果は摘果する。柑橘の中では枝の伸びが旺盛で、込み合っている部分を間引く剪定を行う。

基本データ
原産地：インド／樹高：2〜4m

| 植えつけ3月下旬〜4月中旬 | 施肥3月、6月、11月 | 花芽形成12月 | 花期5月中旬〜下旬 | 熟期11月下旬〜3月中旬 | 剪定3月〜4月下旬 |

アオダモ
Fraxinus lanuginosa

日なた〜明るい日陰／水はけ、水もちのよい土を好む

モクセイ科
別名：コバノトネリコ

　雑木の庭には定番の落葉樹で、特に繊細な株立ち種の人気が高い。初夏に白い小さな花が集まって咲き、雪をかぶったような姿になる。秋には長さ2〜3cmのさや豆のような実を多数つける。雌雄異株で、雄木と雌木があり、実をつけるのは雌木のみ。北海道から九州の山地に自生しており、暑さ寒さに強く、初心者でも育てやすい。自然に整う樹形が魅力なので、刈り込まずに込み合っている部分や徒長枝、不要な枝などを切る程度の剪定にする。

基本データ
原産地：日本、朝鮮半島／樹高：10〜15m

植えつけ4〜5月、9〜10月　施肥3月、11〜12月　花芽形成3〜4月　花期5〜6月　熟期10〜11月　剪定11〜12月、3月

エゴノキ
Styrax japonica

日なた〜明るい日陰／水はけ、水もちのよい土を好む

エゴノキ科
別名：チシャノキ、ロクロギ

　初夏に小さな白またはピンクの花を吊り下げて咲く。花つきがよく、満開時には株全体に咲いて見応えがある。秋から冬にかけて白い実をつけ、それを目当てにさまざまな野鳥が訪れる。実の味がえぐいことから名前がつけられたように、食用には向かない。北海道から南西諸島まで自生しており、暑さ寒さに強く初心者でも育てやすい。自然に整う樹形が魅力なので、刈り込まずに込み合っている部分や徒長枝、不要な枝などを切る程度にする。

基本データ
原産地：日本、朝鮮半島、中国／樹高：8〜15m

植えつけ11〜2月　施肥1〜2月、6月下旬〜7月上旬　花芽形成7〜8月　花期5〜6月　熟期10月　剪定12〜2月中下旬

オオデマリ
Viburnum plicatum var.plicatum

日なた〜明るい日陰／水はけ、水もちのよい土を好む

スイカズラ科
別名：テマリバナ

日本に自生するヤブデマリの園芸品種。初夏に、小さな花が集まって真っ白なボール状になり、株全体を覆うほどたわわに咲く。横に広がるように伸びて大株になる樹形が特徴的。花芽は夏に当年枝の葉腋にでき、翌春に短枝が伸びてその先に花が咲くので、剪定は開花後すぐに行い、開花枝を当年枝の4〜5mm上で切る。この剪定をしないと年を追うごとに花の咲く位置が上がるので、スマートさが保てない。冬には古枝や込んだ枝を切る。

基本データ
原産地：日本、台湾、中国／樹高：2〜4m

植えつけ3〜4月　施肥2月、6月上中旬　花芽形成7〜8月　花期5月　剪定5月下旬〜6月上旬、11〜2月

カエデ
Acer

日なた／水はけ、水もちのよい土を好む

ムクロジ科（カエデ科）
別名：モミジ

新緑の展開は美しく、秋には紅葉・黄葉を楽しめる。春には小さな赤い花が開花する。昔から愛されてきた木だけに品種の数も多く、選ぶ楽しみがある。樹冠に十分に日が当たり、幹や根元は半日陰の場所に植えるのが望ましい。真夏に乾燥が続くと葉が傷むことがあるので、水やりをして補う。自然な樹形を生かし、不要な枝や込んでいる部分を切る程度の剪定に。休眠期間が短く、1月には樹液が動き始めるので、剪定は12月までには終える。

基本データ
原産地：北半球の温帯／樹高：8〜10m

植えつけ10〜11月　施肥2月　花期4〜5月　熟期9〜10月　剪定11〜12月

カリン／マルメロ

Chaenomeles sinensis / Cydonia oblonga

日なた〜明るい半日陰／水もち、水はけのよい土を好む

バラ科
別名：アンランジュ／セイヨウカリン

カリン

マルメロ

　秋に果実をつけるカリンとマルメロは、外見が似て混同されやすい。カリンは葉の縁に細かい切り込みが入り、樹皮が剥がれてなめらか、実は無毛。マルメロは葉の縁はなめらかで樹皮は剥がれず、実に細かい毛が密生することで見分けがつく。また果実を収穫したい場合、カリンは1本で結実するが、マルメロは自家受粉しにくいので多品種を植える必要がある。暑さ寒さに強い。剪定は、長枝には花芽がつかないので3分の1まで切り戻す。

基本データ
原産地：カリン＝中国、マルメロ＝中央アジア／樹高：3〜8m

植えつけ2月〜3月上旬、11月下旬〜12月　施肥2月、9月　花芽形成7〜8月　花期4月中旬〜6月　熟期9月中旬〜11月　剪定12月〜2月上旬

コムラサキ

Callicarpa dichotoma

日なた〜明るい日陰／水もち、水はけのよい土を好む、湿った土を好む

クマツヅラ科
別名：ミムラサキ

　6〜7月に楚々とした白い花を密につける。9月から艶やかな紫や白の実をつけ始め、晩秋まで楽しめる。「ムラサキシキブ」の名前で出回るが、園芸店で見かけるのは本種。日本に自生する植物で環境に適応しやすく、暑さや寒さにも強い。やや湿った環境を好むので、水やりは表土が乾ききる前にたっぷりと与える。乾燥しやすい真夏や真冬は、マルチングを施しておくとよい。肥料は植えつけの際に、堆肥や腐葉土などの有機質肥料を植え穴に施しておく。樹形は自然に整うので、込み合っている部分や内側に伸びる枝を切り取る程度でよい。

基本データ
原産地：日本、朝鮮半島、中国、台湾／樹高：0.5〜2m

植えつけ12月、2〜3月　施肥2月、6月　花芽形成7〜8月　花期6〜7月　熟期10月　剪定12〜2月

ジューンベリー
Amelanchier

日なた～明るい日陰／水はけ、水もちのよい土を好む

バラ科
別名：アメリカザイフリボク

春になると、木全体に白い花を咲かせる。6月には小さな赤い実がつき、野鳥が好んでやってくる。収穫すれば、ジャムなどに利用できる。葉のつき方も軽やかで、晩秋には紅葉が楽しめる。四季を通して表情を変えていくため、シンボルツリーとして人気が高い。乾燥にやや弱いため、真夏に晴天が続く時は水やりをして補うとよい。自然に樹形が整うので、刈り込まずに古い枝や徒長枝、込み合っている部分の枝を切り取る程度の剪定にする。

基本データ
原産地：北アメリカ／樹高：3～5m

植えつけ2～3月　施肥2月　花芽形成7～8月　花期4月下旬～5月上旬　熟期6月　剪定2～3月

セイヨウニンジンボク

Vitex agnus-casutus

日なた〜明るい日陰／水はけ、水もちのよい土を好む

ソシ科
別名：ミツバハマゴウ

　開花が少なくなる端境期に、小さな花が集まった花穂をあげてよく咲く。花色は淡い紫、ピンク、白がある。葉は天狗が持つ羽団扇のような形で、観葉植物のように美しいのも魅力。白い斑入り葉や紫がかった葉を持つ品種も出回っている。暑さや乾燥に強く、最低気温がマイナス5℃以上であれば、庭植えで越冬できる。生育スピードが早く、株立ち状になってボリューム感が出るので、込んでいる部分は間引き剪定をして風通しよく管理する。

基本データ
原産地：ヨーロッパ南部／樹高：3〜8m

植えつけ3〜4月、10〜11月　施肥2〜3月　花芽形成4〜6月　花期7〜9月　熟期9〜11月　剪定2月下旬〜3月

ツリバナ
Euonymus oxyphyllus

日なた〜明るい日陰／水はけ、水もちのよい土を好む

ニシキギ科
別名：ツリバナマユミ

春に小さな淡いグリーンまたはパステルピンクの5弁花を咲かせる。目立たないが、楚々とした表情に人気がある。9〜11月に赤い実がつき、熟すと5つに割れて中から赤い種を出す姿はユニークで愛らしい。葉はやわらかな質感で、秋には紅葉を楽しめる。北海道から九州の山野に自生し、環境に適応しやすく育てやすい。地際から枝を伸ばして株立ち状になるので、古い枝は元から切り取って新しい枝に切り替え、スマートな姿を保つとよい。

基本データ
原産地：日本、朝鮮半島、中国／樹高：3〜6m

植えつけ12〜2月　施肥2月　花期5月　熟期9〜11月　剪定12〜2月

ヒメシャラ
Stewartia monadelpha

明るい日陰／水はけ、水もちのよい土を好む

ツバキ科
別名：コナツツバキ、アカラギ

初夏にツバキに似た白い花を咲かせる。関東南部以西に自生し、寒さは苦手。また西日が当たる場所への植えつけは避ける。夏と冬の乾燥する時期は株元にバークチップなどを敷いて乾燥を防ぎ、晴天が続くようなら水やりをして補う。自然に樹形が整い、繊細な枝姿に魅力があるので、刈り込んだり強く切り戻したりせず、不要な枝を中心に込んでいる部分を切って風通しをよくする程度の剪定にする。皮膚炎を起こすチャドクガの発生に注意。

基本データ
原産地：日本／樹高：10〜15m

植えつけ3月、12月　施肥不要　花芽形成8〜9月　花期5〜6月　熟期9〜10月　剪定11〜2月

マグノリア類
Magnolia

日なた〜明るい半日陰／水もち、水はけのよい土を好む

モクレン科
別名：――

交配された園芸種として出回ることが多くなっているが、ホオノキ、オオヤマレンゲ、コブシ、モクレン、タイサンボクも仲間として分類されている。なかでもモクレンはいち早く春を告げる花木として人気が高い。暑さや寒さに強く、丈夫。花芽は開花後にできるため、剪定する場合は花後すぐに行うのがポイント。込み合っている部分の枝を間引いて、風通しをよくする。高木になる種類は、目的の高さに達したら頂部を切って芯をとめる。

コブシ

シデコブシ

タイサンボク'リトルジェム'

ハクレン

モクレン

マグノリア'バルカン'

基本データ
原産地：アメリカ、アジア／樹高：3〜20m／
常緑種もある

植えつけ モクレン・コブシ＝2〜5月、11〜12月 タイサンボク＝5月中旬、8〜9月 オオヤマレンゲ＝12〜2月
施肥 2月、9月 花芽形成 5〜6月 花期 3〜5月 熟期 10月 剪定 花後すぐ

ヤマボウシ
Cormus kousa

日なた〜明るい日陰／水はけ、水もちのよい土を好む

ミズキ科
別名：ヤマグルマ

初夏に清楚な白い花をたっぷり咲かせる。花色はピンクの園芸品種もある。葉に白または黄色の斑が入る品種もあり、カラーリーフとして取り入れることもできる。秋には大きな丸い実がなり、収穫して甘い果実を生食できる。ジャムなどに加工しても美味しい。耐寒性は強くマイナス15℃まで耐え、ほぼ全国で栽培可能。半日陰でも育つが、花つきが悪くなる。強い乾燥が苦手。剪定は対生に出る枝を切って互生に近づけ、自然な樹形にする。

基本データ
原産地：日本、朝鮮半島、中国／樹高：5〜10m

植えつけ2〜3月、10〜12月　施肥2月、8月　花芽形成8月　花期6月　熟期10月　剪定11〜2月

リキュウバイ

Exochorda racemosa

日なた／水はけのよい土を好む

バラ科シモツケ亜科
別名：ウメザキウツギ、マルバヤナギザクラなど

5〜6月頃、直径3〜4cmの丸弁の白花が茎頂部に数輪集まって咲く。茶花として用いられ、名前は茶人の千利休にちなむ。植えつけは厳寒期を除く落葉期に。日当たりと水はけのよい場所を好む。植え穴には堆肥や腐葉土を十分にすき込む。花後のお礼肥として堆肥、乾燥鶏糞、化成肥料を施す。剪定は1〜2月頃、徒長枝の切り戻し程度。ふやしたい場合はさし木、とり木、実生などを行う。いずれも気温が上昇する3月頃に。

基本データ
原産地：中国／樹高：2〜4m

植えつけ11〜12月、2〜3月　施肥6〜7月、12〜1月　花期5〜6月　剪定1〜2月

ロウバイ

Chimonanthus praecox

日なた〜明るい半日陰／水もち、水はけのよい土を好む

ロウバイ科
別名：カラウメ

春先に、ほかの花木よりも早いうちに黄色い花を満開に咲かせる。香りがよく、春を告げる花として古くから茶花や生け花としても愛されてきた。暑さや寒さに強く、丈夫。過湿を嫌うので、盛り土をするなど水はけのよい土壌に整えるとよい。生長するスピードが遅いため、管理がしやすい。剪定は、自然に樹形が整うので強く切り戻さずに、込み合っている部分を適宜間引く程度に。有毒植物のため、幼子やペットが口にしないよう注意する。

基本データ
原産地：中国／樹高：2〜3m

植えつけ11〜12月、2〜3月　施肥3月、8月下旬〜9月　花芽形成8〜9月　花期1〜2月　熟期10〜11月　剪定3月、11月

アオキ
Aucuba japonica

明るい日陰〜日陰／水はけ、水もちのよい土を好む

アオキ科
別名：ダルマノキ

春に小さな赤紫の4弁花を咲かせ、冬から早春までは赤い実を観賞できる。品種によっては白い実をつけるものもある。雌雄異株で、雄木と雌木があり、実を結ぶのは雌木のみ。園芸品種が多様に出回っており、特に斑の入り方がさまざまでカラーリーフとして選ぶ楽しみがある。寒さに強く、北海道南部〜沖縄まで栽培適地。初夏に花芽ができるので剪定は開花後すぐに行う。徒長枝や不要な枝を切り、古い枝は元から切って若い枝に更新する。

'ゴールデンキング'

'ピクチュラータ'

'サルフレア・マルギナータ'

'秀月'

'ステラ'

'星月夜'

基本データ
原産地：日本／樹高：1〜2m／常緑樹

| 植えつけ4〜7月、9〜10月 | 施肥1〜2月 | 花芽形成6月 | 花期3月下旬〜5月上旬 | 熟期12月 | 剪定3〜4月 |

アジサイ 'アナベル'
hydrangea arborescens 'Annabelle'

明るい日陰／水はけ、水もちのよい土を好む

ユキノシタ科
別名：アメリカアジサイ、アメリカノリノキ

　さわやかなグリーンのつぼみから咲き進むと白になる。ピンクの品種も人気が高い。晩秋には黄葉する姿を楽しめる。寒さに強く、寒冷地でも栽培可能。アジサイの中でも'アナベル'の系統は新枝咲きで春に花芽ができるので、冬に強剪定ができる。地際に数節残して強く切り戻すと、翌年の花数は少なくなる一方で、ボリュームのある大輪が咲く。枝の先端を軽く切り戻す程度にすると小さめの花がたくさん咲いて、自然な佇まいを見せる。

基本データ
原産地：北アメリカ東部／樹高：1〜1.5m／落葉樹

● 植えつけ3〜4月、10〜11月　施肥1〜2月、7月中旬〜8月　● 花芽形成4月　● 花期6〜7月　● 剪定2〜3月

アセビ
Pieris japonica

日なた〜明るい半日陰／水もち、水はけのよい土を好む

ツツジ科
別名：アセボ、アシビ

　春に、小さなつぼ型の花を鈴なりに咲かせる。花色は白、ピンク、赤。葉に斑が入る品種もある。暑さや寒さに強く、丈夫。根が浅く張るので、植えつけ後は支柱を立てて誘引し、倒伏を防ぐ。乾燥を嫌うため、根元にバークチップでマルチングをし、真夏に日照りが続く時は朝か夕に水やりをして補うとよい。実がつくと消耗して樹勢が弱るため、終わった花は早めに摘み取る。自然に樹形が整うので、剪定は込み合っている部分を間引く程度に。

基本データ
原産地：日本／樹高：0.5〜5m／常緑樹

● 植えつけ3〜11月　施肥3月上旬〜4月上旬、9月下旬〜10月　● 花芽形成8月　● 花期3〜4月　● 熟期9〜10月　● 剪定4〜5月

アベリア

Abelia×grandiflora

日なた～明るい日陰／水はけ、水もちのよい土を好む

スイカズラ科
別名：ハナゾノツクバネウツギ

小さな星型の白またはピンクの花が、初夏から秋まで長く開花する。葉に白または黄色の斑が入る品種も手に入る。寒さ、暑さともに強いが、冬に冷たい風が吹きつけない場所を選んで植えるとよい。枝が四方に向かってしなる、株立ち性の樹形。放任してもよく育つが、逆に生長スピードが速く、次々と枝葉を伸ばして樹形が乱れやすい。萌芽力が強く剪定してもすぐに花が咲くので、枝が伸びすぎていたら、そのつど切り戻しや刈り込みを行う。

基本種

'エドワード・ゴーチャー'

'コンフェティ'

'サンライズ'

'ホープレイズ'

'ユーホレイズ'

基本データ
原産地：園芸品種／樹高：１～２ｍ／常緑樹

植えつけ３～５月　施肥２～３月、９月中旬　花芽形成４～10月　花期５月中旬～10月　剪定４～８月

ウエストリンギア
Westringia fruticosa

日なた／水はけのよい土を好む

シソ科
別名：オーストラリアン・ローズマリー

初夏から秋に繰り返し小さな花が咲くが、最盛期の見頃は初夏。花色は薄紫、白がある。葉に白または黄色の斑入り品種が出回っており、枝ぶりが細く繊細な質感なので、カラーリーフとしても楽しめる。暑さや乾燥に強いが、寒さに耐えられるのはマイナス5℃くらいまで。多湿になると枯れ込むことがあるので、水の与えすぎに注意。周年剪定でき、のびすぎたらそのつど切って風通しをよくする。刈り込みに耐え、トピアリー仕立ても可能。

基本データ
原産地：オーストラリア南東部／樹高：1〜1.5m／常緑樹

植えつけ6月　施肥4〜5月、10〜11月　花期5〜11月　剪定周年

エニシダ
Cytisus scoparius

日なた／水はけ、水もちのよい土を好む

マメ科
別名：──

初夏に鮮やかな黄色い花が木全体を覆い尽くすように咲き、庭に華やぎをもたらす。移植を嫌うので、植え場所の選定にはよく吟味しておきたい。暑さ寒さに強く、痩せ地でも育つ。乾燥に強く、逆に多湿の環境では弱るので水はけのよい土壌づくりがポイント。7月下旬には翌年に咲く花芽が形成されるので、花後すぐに剪定を。込み合っている部分の付け根または分岐点で切り取る。樹木の中では寿命が短く、10年を過ぎると弱ってくる。

基本データ
原産地：ヨーロッパ、北アフリカ、カナリア諸島、アジア／樹高：2〜3m／常緑樹

植えつけ3月中旬〜4月　施肥2月　花芽形成7月下旬　花期5〜6月　熟期10月　剪定6月中旬〜7月中旬

オタフクナンテン
Nandina domestica'Otafukunanten'

日なた〜明るい日陰／水はけ、水もちのよい土を好む

メギ科
別名：オカメナンテン

　ナンテンの園芸品種。樹高を低く抑えた矮性種で狭いスペースで活躍し、生長が遅いので扱いやすい。一年を通して赤い葉を展開し、カラーリーフとして利用できる。真夏にはやや葉がくすんで緑色が出がちだが、晩秋から冬にかけては濃く深い赤葉を楽しめ、表情の変化を楽しめる。他のナンテンとは異なり、ほとんど開花・結実しない。株立ち状に生育するので、古くなった枝は元から切り取って若い枝に更新し、ボリューム感を調整する。

基本データ
原産地：日本、中国／樹高：0.2〜0.6m／常緑樹

植えつけ4月、9月　施肥2月、9月　花芽形成8月　花期6月　剪定2〜3月

クチナシ
Gardenia jasminoides

明るい日陰／水はけ、水もちのよい土を好む

アカネ科
別名：ガーデニア

　梅雨の頃に白い花が咲き、強い芳香を放って存在感を強める。花は清楚な一重咲き、華やかな八重咲きがある。開花期に太陽の強い光を浴びると花が傷むので、植え場所は朝のみ光がさす場所や明るい半日陰を選ぶ。また冬に寒風にさらされる場所は避ける。生長が遅く、自然に樹形が整うので毎年剪定する必要はなく、込み合って風通しが悪くなってきたら行う程度でよい。7月頃から翌年に咲く花芽がつき始めるので、花後すぐに剪定する。

基本データ
原産地：日本／樹高：1〜2m／常緑樹

植えつけ4〜6月、9月　施肥2月、8月下旬　花芽形成7〜9月　花期6〜7月　熟期9〜10月　剪定 花後すぐに

コデマリ

Spiraea cantoniensis

日なた〜明るい日陰／水はけ、水もちのよい土を好む

バラ科
別名：スズカケ

　一つ一つの花は小さいが、集まってドーム状となり、その花房が株全体を覆うように咲く姿は見応えがある。地際から多数の枝を立ち上げて株立ち状になり、枝をしならせる樹形が特徴。暑さや寒さに強い性質で初心者でも育てやすい。乾燥を苦手とするので、真夏に晴天が続く場合は涼しい時間帯に水やりをして補う。剪定は花後すぐに行う。古い枝や細い枝を元から切って若い枝に切り替える。数年に一度、地際で刈り込んで更新してもよい。

基本データ
原産地：中国南東部／樹高：1〜2m／落葉樹

植えつけ2〜3月　施肥2月　花芽形成10月　花期3〜4月　熟期4〜5月　剪定6月上旬

コバノズイナ

Itea virginica

日なた〜明るい日陰　水はけ、水もちのよい土を好む

ユキノシタ科
別名：アメリカズイナ

　初夏に白い小花を密につけた、ブラシのような花穂をつける姿はユニークで、アイキャッチとなる存在感がある。香りがよいのも特長。秋には真っ赤に紅葉する姿を楽しめる。暑さや寒さに強い。乾燥に弱いので、真夏は涼しい時間帯に水やりをして補う。剪定は、開花前以外なら周年行える。地際から多数の枝を立ち上げて株立ち状となり、枝をしならせる自然な樹形を生かし、込んでいる部分を切って風通しをよくする。古い枝は地際で切る。

基本データ
原産地：北アメリカ／樹高：1m／落葉樹

植えつけ11〜12月、3月　施肥2月、6〜7月　花期5〜6月　剪定 開花期以外周年

シモツケ
Spiraea japonica

日なた～明るい日陰　水もち、水はけのよい土を好む

バラ科
別名：キシモツケ

　花色は白、赤、ピンク、紅白の咲き分けなど。葉に深い切れ込みが入るタイプ、葉色がライム色のタイプなどがある。紅葉も楽しめる。樹形が自然に整うので、剪定は込み合っている部分をすかす程度でよいが、3～4年に一度、古い枝を地際から10～20cmのところで刈り込んで更新を行う。属は異なるが葉色が黄金色、琥珀色、黒色と多彩なテマリシモツケも同様に用いることができる。

基本データ
原産地：日本、中国／樹高：1～1.5m／落葉樹

植えつけ3月　施肥2月、7月　花芽形成5月　花期5～7月　剪定2月

ジンチョウゲ
Daphne odora

日なた～明るい日陰　水はけ、水もちのよい土を好む

ジンチョウゲ科
別名：センリコウ

　春先に芳香を持った小さな花が咲き、いち早く春の訪れを告げてくれる。一つ一つの花は小さいが、ボール状に集まって咲く。花色は花弁の内側は白で、外側はピンクがのぞく。白花種や葉にクリーム色の斑が入る品種もある。移植を嫌うので、植え場所の選定にはよく吟味しておきたい。乾燥を嫌うため、新芽が展開する春と晴天が続く真夏は、水やりをして補う。自然に樹形がまとまるので、剪定は当年枝を枝分かれの部分で切る程度にする。

基本データ
原産地：中国／樹高：1m／常緑樹

植えつけ4月、9月　施肥2月、9月　花芽形成7月　花期3月　熟期6月　剪定4月下旬～5月上旬

セイヨウイボタノキ
Ligustrum vulgare

日なた〜明るい日陰／水はけ、水もちのよい土を好む

モクセイ科
別名：プリベット

初夏に小さな花が密につく、白い花穂を上げて咲く。葉のフォルムは軽やかで黄色葉や銀葉、斑入り葉などの品種があり、カラーリーフとして人気がある。萌芽力が強く旺盛に枝を伸ばすので、樹形が乱れないように剪定する。前年の樹形のサイズまで切り戻し、込み合っている部分を間引いて風通しをよくする。4〜5年経った古い枝は地際から切り取って若い枝に更新する。刈り込むとよく分枝するのでトピアリーにしてもよい。

基本データ
原産地：ヨーロッパ、アフリカ北部／樹高：2〜4m／常緑樹

植えつけ2〜4月、11〜12月　施肥不要　花芽形成3〜4月　花期5〜6月　熟期10〜11月　剪定7月

ドウダンツツジ
Enkianthus perulatus

日なた／水はけ、水もちのよい土を好む

ツツジ科
別名：──

春にベル型の小さな白またはピンクの花が密生し、満開時は木全体が花色に染まる。秋には真っ赤に紅葉する。日当たりの悪い場所では花つきが悪くなり、紅葉も美しく発色しなくなる。日本原産の植物なので、環境に馴染みやすくビギナーでも容易に育てられる。浅い部分に根を張るため乾燥には弱く、晴天が続いて乾燥する時は水やりをして補う。剪定は落葉後に、込み合っている部分を切って風通しよく管理する。刈り込みにも耐える。

基本データ
原産地：日本、台湾／樹高：1〜3m／落葉樹

植えつけ3月、11〜12月　施肥2月、9月　花芽形成8月　花期3〜4月　熟期8〜10月　剪定2〜3月、4月下旬〜5月上旬

ヒペリカム
Hypericum spp.

日なた〜明るい日陰／水はけ、水もちのよい土を好む

オトギリソウ科
別名：──

　初夏に、長いしべがつく黄色い5弁花がたっぷり咲く姿は目を引く。晩秋につく赤い実もかわいらしい。地際から多数の枝を立ち上げる株立ちの樹形で、樹高は低いがこんもりとボリューム感が出るのが特長なので、邪魔にならない場所を選ぶとよい。真夏に晴天が続いて極端に乾燥する時は水やりをして補う。剪定は花後すぐに行う。自然な樹形を生かし、込んでいる部分を切り取って風通しをよくする。古い枝は地際で切って若い枝に更新を。

基本データ
原産地：温帯〜暖帯／樹高：0.5〜1.5m／落葉樹

植えつけ3〜4月　施肥2月、8月　花芽形成4〜5月　花期6〜7月　熟期10〜11月　剪定7月下旬〜8月上旬

ヒメウツギ
Deutzia gracilis

日なた〜明るい日陰／水はけ、水もちのよい土を好む

ユキノシタ科
別名：──

　初夏にさわやかな白い花を咲かせ、ひと際目立つ存在となる。姫の名前がつく通り、ウツギより樹高、株張りともにコンパクトで、限られたスペースなどで活躍する。暑さや寒さに強い。極端な乾燥を嫌うので晴天が続いたら水やりして補う。半日陰でも徒長せず、花数も減らないので日陰の庭に向く。地際から多数の枝を立ち上げる株立ちの樹形で、2〜3年生の枝を主体とし、古い枝は地際で切る。込んでいる部分は切って、極力すかす。

基本データ
原産地：日本／樹高：0.5m／落葉樹

植えつけ2〜3月　施肥4〜5月上旬、10〜11月　花芽形成8月　花期5〜6月　剪定2月、6月下旬〜7月

ブルーベリー
Vaccinium spp.

日なた〜明るい日陰／水はけ、水もちのよい土を好む

ツツジ科
別名：ヌマスノキ

初夏にベル型の小さな花が咲き、夏〜秋に収穫を楽しめる。寒冷地向きのハイブッシュ系と温暖地向きのラビット系があるので、気候に合う品種を選ぶとよい。酸性土壌を好むため、植え付け時に有機質肥料とともにピートモスを混ぜ込む。収穫を楽しむには、開花期が同じで異なる品種を2種以上植える。株立ちの樹形で、剪定は木が充実した3年目以降から開始。古い枝や込み合った枝を切り、地際から出る太い枝は10本までを目安に残す。

基本データ
原産地：北アメリカ／樹高：0.5〜3m／落葉樹

植えつけ12〜3月　施肥6月、9月、11月　花芽形成8〜9月　花期5〜6月　熟期7〜8月　剪定12〜2月

マホニア・コンフューサ
Mahonia confuse

日なた〜明るい日陰／水はけ、水もちのよい土を好む

メギ科
別名：ナリヒラヒイラギナンテン

ヒイラギナンテンの仲間で、より細葉でスマートな樹形が魅力。秋〜初冬に丸みのある黄色い花を、長く伸びた花穂にびっしり咲かせる。初夏にはたわわにつく青紫の実も観賞できる。暑さや寒さに強く、強健で初心者でも容易に育てられる。極端な乾燥を嫌うので、晴天が続いたら水やりして補う。地際から多数の枝を立ち上げる株立ちの樹形で、剪定は古くなった枝を地際で切り取る。込んでいる部分はすかすように切って風通しよく管理。

基本データ
原産地：東アジア／樹高：1m／常緑樹

植えつけ2〜5月　施肥2〜3月、8〜9月　花芽形成7〜8月　花期10〜12月　熟期6〜7月　剪定6月

ヤマアジサイ

Hydrangea macrophylla spp. *serrata*

明るい日陰／水もちのよい土を好む

アジサイ科
別名：サワアジサイ

　梅雨時に開花し、花色は紫、青、ピンク、赤、白がある。豪華な西洋アジサイとは異なり、野趣感あふれる咲き姿に人気がある。主に東北南部から四国、九州の太平洋側に自生しており、寒さは苦手。半日陰で湿り気のある土壌を好む。ただし暗すぎる場所では花つきが悪くなるので、午前だけ日がさす東側などが最適。剪定は、当年に伸びた新梢についた芽または節を3～5個残して切り戻す。古くなった枝は元から切り取ってよい。

基本データ
原産地：日本／樹高：1～2m／落葉樹

植えつけ12月中旬～3月　施肥3月、5月　花芽形成10月　花期6～7月　剪定2月、7～9月上旬

ユキヤナギ

Spiraea thunbergii

日なた～明るい日陰／水はけ、水もちのよい土を好む

バラ科
別名：コゴメバナ

　春、枝垂れて弓なり状に伸びる枝を埋め尽くすように白い花が咲き、雪をまとったような景色をつくり出す。暑さや寒さに強く、強健な性質で放任してもよく育つのでビギナー向き。真夏に晴天が続いて乾燥する時には、適宜水やりをして補う。地際から多数の枝を出す株立ち状の樹形で、枝があまりに密生すると病害虫を招くため、毎年剪定して風通しをよくする。枝垂れる枝の特徴を生かすため、枝の途中で切らずに地際で切って間引くとよい。

基本データ
原産地：中国／樹高：1～2m／落葉樹

植えつけ2月中旬～3月、10～11月　施肥5月　花芽形成10月　花期3～4月　熟期10～11月　剪定5月

アガパンサス
Agapanthus spp.

日なた〜明るい日陰／水もち、水はけのよい土を好む

ヒガンバナ科
別名：ムラサキクンシラン

　光沢のある剣状の葉を放射状に伸ばす。株の中央から花茎を伸ばし、花は先端に密集して咲かせる。花色は青、紫、白、ピンク。水やりは、庭植えの場合はほとんど不要。過湿にならないよう管理する。植えつけの際に元肥として堆肥や腐葉土をすき込んでおく。追肥は春と秋に緩効性化成肥料を株元に施す。株が消耗しないように、花後は花茎をつけ根から切り取る。大株に育ったら株分けをして植え直す。

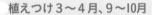
- 植えつけ3〜4月、9〜10月
- 株分け3〜4月、9〜10月 ● 施肥3〜5月、9月
- 花期6〜7月

基本データ
原産地：南アフリカ／草丈：50〜100cm／葉張り：80〜100cm／常緑性または落葉性球根植物

アジュガ
Ajuga reptans

日なた〜明るい半日陰／水もち、水はけのよい土を好む

シソ科
別名：セイヨウキランソウ

　ロゼット状の葉が放射状につく姿は愛らしく、常緑でブロンズ色の葉の品種や、葉にピンクや白の斑が入る品種もあるので、カラーリーフとして利用できる。花色は青紫、ピンクなど。寒さには0℃くらいまで耐えるが、霜にあったり寒風にさらされたりすると葉が傷むため、寒冷地では霜よけをする。地下茎を伸ばして増え広がるので、繁茂しすぎる場合は伸びていく方向を変えるなどして調整を。大株に育ったら適期に掘り上げて株分けする。

- 植えつけ2〜3月 ● 株分け9〜10月
- 施肥4〜6月、9〜10月 ● 花期3〜5月

基本データ
原産地：ヨーロッパ、中央アジア／草丈：5〜15cm／葉張り：20cm／常緑性多年草

アスチルベ
Astilbe

日なた〜明るい半日陰／水もち、水はけのよい土を好む

ユキノシタ科
別名：アワモリショウマ

初夏に花穂をたくさん立ち上げ、豪華な花姿を見せる。花色には赤、濃いピンク、淡いピンク、白がある。半日陰でも生育し、花数も少なくならないので、シェードガーデンに向いている。寒さに強く、寒冷地でも庭植えできる。真夏に晴天が続いて極端に乾燥する場合は、適宜水やりをして補う。株元にマルチングをしておくと、乾燥対策になる。大株に育って株が込んできたら、掘り上げて2〜3芽つけて根を切り分けて株分けし、植え直す。

植えつけ 3〜4月、10〜11月　株分け 10月
施肥 3〜4月、10月　花期 5月下旬〜7月

> **基本データ**
> 原産地：東アジア、北アメリカ／草丈：20〜80cm／葉張り：40〜80cm／落葉性多年草

エリゲロン
Erigeron

日なた／水もち、水はけのよい土を好む

キク科
別名：ペラペラヨメナ、ゲンペイコギク

初夏に、細い花茎を伸ばした頂部に、キクに似た花を多数咲かせる。花は直径2cmほどで、白から咲き進むとピンクへと変化し、白とピンクがミックスして咲く姿が魅力。暑さや寒さに強く、強健でこぼれ種でも増えるので、ほとんど手がかからずビギナー向き。多湿にすると根腐れすることがあるので、庭植えでの水やりはほとんど不要。数年は植えたままにしていいが、大株に育ったら掘り上げ、2〜3芽つけて株分けし、植え直す。

植えつけ 3〜4月、10月　株分け 3〜4月、10月
施肥 3〜4月、10月　花期 5〜6月

> **基本データ**
> 原産地：北アメリカ／草丈：5〜100cm／葉張り：40〜60cm／常緑性多年草

カルーナ
Calluna vulgaris

日なた～明るい半日陰／水もち、水はけのよい土を好む

ツツジ科
別名：ギョリュウモドキ

初夏から秋にかけて、小さな花をびっしりつけた花穂をたくさん立ち上げて、庭に彩りをもたらしてくれる。花色は紫、ピンク、白が揃う。品種が豊富で、一重咲きや八重咲きがあるほか、葉色が黄色やオレンジのものも出回っており、カラーリーフとしても活躍する。寒さには強い一方で、暑いのは苦手で、蒸れないように風通しよく管理するとよい。旺盛に茂って樹形が乱れやすいので、開花後に切り戻して整える。株分けして増やせる。

● 植えつけ3～4月、10月 ● 株分け3～4月、10月
● 施肥2月 ● 花芽形成5～6月 ● 花期6～9月
● 剪定10月

基本データ
原産地：ヨーロッパ、北アフリカ、シベリア／樹高：0.2～0.8m／常緑低木

ギボウシ
Hosta

明るい半日陰／水もち、水はけのよい土を好む

キジカクシ科
別名：ウルイ、ホスタ

夏に花茎を立ち上げて白または淡いピンクの花を咲かせる。しかしその本領は葉の美しさにあり、青みの強い葉、黄色みの強い葉があるほか、白または黄色の斑入り葉など品種によって非常に多彩で、カラーリーフとして選ぶ楽しみがある。日陰に強い植物として、シェードガーデンには定番。暑さや寒さには強いが、乾燥を嫌うので真夏に日照りが続く時は水やりをして補う。大株に育ったら掘り上げて、数芽つけて根を切り分けて株分けし、植え直す。

● 植えつけ2～3月 ● 株分け2～3月
● 施肥4～6月、9～10月 ● 花期7～8月

基本データ
原産地：日本、東アジア／草丈：15～200cm／葉張り：60～100cm／落葉性多年草

クリスマスローズ
Helleborus×hybridus

日なた～明るい半日陰／水もち、水はけのよい土を好む

キンポウゲ科
別名：レンテンローズ

　冬に花茎を立ち上げて、楚々とした花をたくさん咲かせる。花色は白、ピンク、紫、緑、黄色、茶色、黒、複色などがあり、花姿も一重咲きや八重咲きなどがある。毎年新品種が発表され、コレクターも多い人気の花。明るい半日陰を好み、多湿を嫌う。寒さには強い。開花中はまめに花がらを摘む。晩秋に花芽が動き始めたら、古い葉を基部で切り取って光を当てる。大株に育ったら掘り上げ、数芽つけて根を切り分けて株分けし、植え直す。

植えつけ1～3月、10～12月　株分け10～12月
施肥10月　花期1～3月

基本データ
原産地：ヨーロッパ／草丈：10～15cm／葉張り：20～40cm／常緑性多年草

コトネアスター
Cotoneaster

日なた～明るい半日陰／水もち、水はけのよい土を好む

バラ科
別名：ベニシタン

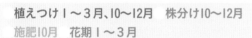

　初夏に、しべを長くつけた小さな5弁花をたっぷりと咲かせる。花色には白、淡いピンクがあり、いずれも楚々とした風情が愛らしい。秋から冬にかけて、真っ赤な実をぶら下げる姿にも観賞価値がある。枝をしならせて四方に伸ばすタイプ、這うように広がるタイプ、立ち上がるタイプと樹形は種類によって異なるので、植える場所に応じたものを選ぶ。寒さに強い。剪定は、込んでいる部分を整理して風通しをよくし、古い枝は地際で切る。

植えつけ2月下旬～3月、10～11月
施肥2～3月、6月　花芽形成9月　花期5月
熟期10～1月　剪定2月下旬～3月上旬、5～7月

基本データ
原産地：中国、インド北部、チベット／樹高：0.3～2m／常緑低木

サルビア
Salvia

日なた〜明るい半日陰／水もち、水はけのよい土を好む

シソ科
別名：ヒゴロモソウ（スプレンデンス種の別名）

　世界中に900種以上が分布し、園芸品種も多様に出回っている。多くは多年草だが、一年草や低木も見つかる。夏から秋にかけて開花し続け、主に花穂を立ち上げて咲くのが特徴。花色は赤、ピンク、白、紫、青、黄色、複色などがある。香りのよいハーブとして愛されているものもある。花苗店に出回っている種類の多くは、丈夫な性質で放任しても育てやすいものばかり。茂り過ぎて草姿が乱れてきたら、適宜切り戻して風通しをよくする。

● 植えつけ4〜5月、9月下旬〜10月中旬
● 株分け4〜5月　施肥4〜10月　花期6〜11月

基本データ

原産地：世界中／草丈：20〜200cm／葉張り：30〜40cm／落葉性多年草、一年草、低木

シュウメイギク
Anemone hupehensis

日なた〜明るい半日陰／水もち、水はけのよい土を好む

キンポウゲ科
別名：キブネギク

　秋に花茎を立ち上げた頂部に、花径5〜6cmほどの花を咲かせる。花色は濃いピンク、淡いピンク、白など。一重咲き、八重咲きの花姿があるほか、矮性種や高性種もある。寒さに強い性質で、全国で庭植えできる。古くから野生化してきた植物で、環境によく馴染み育てやすい。根は高温や乾燥に弱いので、株元にバークチップなどを敷き詰めて対策しておく。大株に育ったら掘り上げ、2〜3芽つけて根を切り分けて株分けし、植え直す。

● 植えつけ3〜5月、9〜10月
● 株分け3〜5月、9〜10月　施肥3月
● 花期8月中旬〜11月

基本データ

原産地：中国、台湾／草丈：30〜150cm／葉張り：30〜40cm／常緑性多年草

シラン
Bletilla striata

日なた〜明るい半日陰／水もち、水はけのよい土を好む

ラン科
別名：コウラン、ハクキュウ

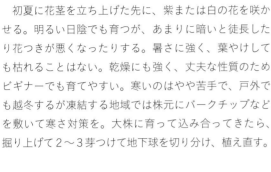

初夏に花茎を立ち上げた先に、紫または白の花を咲かせる。明るい日陰でも育つが、あまりに暗いと徒長したり花つきが悪くなったりする。暑さに強く、葉やけしても枯れることはない。乾燥にも強く、丈夫な性質のためビギナーでも育てやすい。寒いのはやや苦手で、戸外でも越冬するが凍結する地域では株元にバークチップなどを敷いて寒さ対策。大株に育って込み合ってきたら、掘り上げて2〜3芽つけて地下球を切り分け、植え直す。

植えつけ4〜5月、9〜10月　株分け3月、10月
施肥4〜6月、9〜10月　花期5〜6月

基本データ
原産地：日本／草丈：40〜70cm／葉張り：20〜30cm
／落葉性多年草

スイセン
Narcissus

日なた／水もち、水はけのよい土を好む

ヒガンバナ科
別名：セッチュウカ

人気の植物で品種は1万以上にのぼるとされ、新品種が毎年発表されるコレクターズアイテムになっている。花色は白、オレンジ、黄色、複色がある。咲き姿も一重咲き、八重咲き、ラッパ咲き、バタフライ咲きなど多様。芳香が強い品種もある。秋に球根を植えつけ、開花後に休眠するライフサイクル。環境に合えば毎年開花し、放任してもよく育つ。大株に育って込んできたら、夏に地上部が枯れた頃に掘り上げて球根を分球して植え直す。

植えつけ10〜11月　施肥2〜4月、10〜11月
花期11月中旬〜4月

基本データ
原産地：地中海沿岸／草丈：10〜50cm／葉張り：20
〜40cm／落葉性多年草(球根植物)

タイム
Thymus

日なた〜明るい半日陰／水はけのよい土を好む

シソ科
別名：タチジャコウソウ

　ハーブの一種で、枝葉に触れるとさわやかな芳香がたつ。丈夫な性質で、踏みつけても傷んで枯れることはない。そのため、あえて小道沿いに植えて触れることで香りを立たせて楽しむことも多い。春から初夏にかけて小さな花が咲き、花色は赤、ピンク、白、淡い紫がある。葉に白または黄色の斑が入る品種もあり、カラーリーフとしても活躍する。乾燥した気候を好み、高温多湿の環境が苦手なので、夏前に切り戻して風通しよく管理する。

- 植えつけ3〜6月、9〜11月
- 施肥4〜5月、10〜11月　花芽形成2〜3月
- 花期4〜6月　剪定2〜3月、6〜7月

基本データ
原産地：地中海沿岸／樹高：0.05〜0.3m／常緑性低木

ツワブキ
Farfugium japonicum

明るい半日陰／水もち、水はけのよい土を好む

キク科
別名：イシブキ

　日陰に強く、シェードガーデンで活躍。江戸時代からの古典園芸でもてはやされてきた歴史があり、黄色や白の多様な斑入り種などが見つかる。丸い葉が愛らしく、カラーリーフとして重宝される。また秋から冬、花茎を立ち上げた頂部にマーガレットに似た花が咲き、花が少なくなる時期に華やぎをもたらしてくれる。花色は黄色、白、オレンジなど。終わった花や枯れ葉は切り取って、株周りを清潔に保つ。丈夫でビギナーでも育てやすい。

- 植えつけ4月　株分け4月　施肥4月
- 花期10〜12月

基本データ
原産地：日本、朝鮮半島、台湾、中国／草丈：20〜50cm／葉張り：40〜60cm／常緑性多年草

ニューサイラン
Phormium

日なた～明るい半日陰／水もち、水はけのよい土を好む

キジカクシ科
別名：マオラン

　細長い剣状の葉を地際から放射状に伸ばし、モダンな雰囲気をもたらすグラス植物。葉色は銅葉、紫葉、赤葉のほか、ストライプ状に白または黄色の斑が入る品種もあり、カラーリーフとしても活躍する。夏に花茎を長く伸ばし、赤または黄色のエキゾチックな雰囲気を持つ花を咲かせる。丈夫な性質だが、品種によっては寒さが苦手なものもある。古い葉や傷んだ葉は元から切って美観を保ち、大株に育ったら掘り上げて株分けし、植え直す。

●植えつけ３月中旬～４月上旬
●株分け３月中旬～４月上旬
●施肥３月中旬～４月上旬　　花期６月下旬～８月上旬

基本データ
原産地：ニュージーランド／草丈：60～300㎝／
葉張り：50～200㎝／常緑性多年草

ヒメリュウキンカ
Ranunculus ficaria

日なた～明るい半日陰／水もち、水はけのよい土を好む

キンポウゲ科
別名：オウシュウキンポウゲ

　春、花茎を上げた頂部に光沢のある花を咲かせる。花色は黄色、白など。花姿は一重、八重があり、また葉に斑が入る品種も見つかる。丈夫な性質で手がかからないが、逆にはびこりすぎることもあるので、その場合は整理して他の植物と調和させる。枯れた花や葉はまめに摘み取り、株まわりを清潔に保って病害虫を予防する。夏前には休眠して地上部がなくなるが、秋になると再び生育し始め、越年して花を咲かせる。塊根を分けて増やせる。

●植えつけ７月下旬～９月　　株分け７月下旬～９月
●施肥２月～５月上旬　　花期３月～５月上旬

基本データ
原産地：イギリス、ヨーロッパ／草丈：5～20㎝／
葉張り：30～40㎝／落葉性多年草

ヒューケラ
Heuchera

日なた〜明るい半日陰／水もち、水はけのよい土を好む

ユキノシタ科
別名：ツボサンゴ

葉色のバラエティーが豊かで、赤、オレンジ、黄色、黒、シルバー、ブロンズ、キャラメル、斑入りなどがあり、組み合わせて選ぶ楽しみがある。初夏には花茎を立ち上げた先に小さな花をつらねる姿も愛らしい。花色は赤、ピンク、白、グリーンがある。暑さや寒さに強く、育てやすいが、品種によっては真夏の強い日差しにさらされると葉やけするものもあるので、朝のみ日が差す東側に植えるとよい。大株に育ったら株分けして若返らせる。

● 植えつけ 3〜4月、10月	● 株分け 3〜4月、10月
● 施肥 3〜4月、10〜11月	● 花期 5〜7月中旬

基本データ
原産地：北米、メキシコ／草丈：20〜80cm／葉張り：20〜40cm／常緑性多年草

プルモナリア
Pulmonaria spp.

明るい日陰〜日陰／水もち、水はけのよい土を好む

ムラサキ科
別名：ハイムラサキ、ラングワート

這い広がるように生長し、長い花茎の先端に小さな花を数輪咲かせる。花色は青系、赤系、白と多彩。葉に斑が入るものが多く、カラーリーフとしても楽しめる。寒さには強いが高温多湿を嫌う。強い日差しに当たると葉焼けして弱るので、半日陰の場所で管理する。水やりは表土が乾いてからたっぷりと。植えつけの際に堆肥や腐葉土をたっぷりとすき込み、追肥は生長期に草姿が衰えてきたら液肥を施す。

● 植えつけ 3〜4月、10〜11月	
● 株分け 3月、9〜10月	● 施肥 3〜10月
● 花期 4〜5月	

基本データ
原産地：ヨーロッパ／草丈：20〜30cm／葉張り：25〜60cm／落葉性多年草

ホトトギス
Tricyrtis hirta

明るい半日陰／水もち、水はけのよい土を好む

ユリ科
別名：ユテンソウ

秋に花茎を長く立ち上げ、白地に紫の斑点を散りばめる花をいくつもつらねる。楚々とした姿が魅力で、古くから茶花としても愛されてきた。花色は紫、白、ピンク、黄色があり、斑点が目立たない種類もある。暑さや寒さに強く、古くから自生してきた植物だけに環境にあいやすく、丈夫で育てやすい。真夏に晴天が続いて極端に乾燥する時は、水やりをして補う。大株に育って込み合ってきたら、掘り上げて数芽をつけて株分けし、植え直す。

植えつけ2〜3月　株分け2〜3月
施肥3〜10月　花期8〜10月

基本データ
原産地：日本／草丈：30〜100cm／葉張り：20〜30
cm／落葉性多年草

ヤブコウジ
Ardisia japonica

明るい半日陰／水もち、水はけのよい土を好む

サクラソウ科
別名：ジュウリョウ

古典園芸で人気があったことから、葉に入る黄色または白の斑が多様でさまざまな品種があり、カラーリーフとして重宝する。夏に白またはピンクの小さな花が咲き、秋から冬に真っ赤な実がつく姿も愛らしい。元々は樹木が茂る林床地に自生しており、日陰の環境に耐えるためシェードガーデンでも活躍する。暑さ寒さに強く、放任しても丈夫に育つ。枝が込み合いすぎていたり、下葉が枯れ込んだりしていれば剪定して風通しをよくする。

植えつけ2〜4月、9〜11月　施肥4〜11月
花期7〜8月　熟期10〜2月
剪定3〜4月

基本データ
原産地：日本、朝鮮半島、台湾、中国／樹高：0.1
〜0.3m／常緑樹

ヤブラン

Liriope muscari

日なた〜明るい半日陰／水もち、水はけのよい土を好む

キジカクシ科
別名：ヤブスゲ、リリオペ

地際から細長い葉を放射状に伸ばす、みずみずしい株姿が魅力。白や黄色の斑がストライプ状に入る品種は、軽やかで明るい雰囲気を演出する。夏から秋にかけて花茎を長く伸ばして青紫または白い花を咲かせ、冬には艶やかな黒い実をつけ、一年を通して表情の変化を楽しめる。暑さや寒さに強く、長雨にも乾燥にも耐える。半日陰でも育つが、あまりに暗い場所では徒長しがちで花つきも少なくなる。大株に育ったら3〜5芽つけて株分けする。

植えつけ3〜6月、9〜11月
株分け3〜4月、10〜11月
施肥3〜4月、10〜11月　花期8〜10月

基本データ
原産地：日本、東アジア／草丈：20〜40cm／葉張り：30〜60cm／常緑性多年草

ミスキャンタス

Ophiopogon malayanus cv.variegata

日なた〜明るい半日陰／水もち、水はけのよい土を好む

キジカクシ科
別名：オピオポゴン

ヤブランによく似た姿をしているがジャノヒゲ属の仲間で、より繊細でコンパクトにまとまる。白く細いストライプ状の斑が入るのが特徴で、さわやかなカラーリーフとして活躍。夏に花茎を立ち上げて、ベル型の白い花を鈴なりにつける姿も涼しげ。暑さや寒さに強く、乾燥にも強い。明るい半日陰で育つが、光量が少ないと葉色がくすんでしまうこともある。大株に育って込み合っていたら、掘り上げて根を切り分けて株分けし、植え直す。

植えつけ3〜6月、9〜11月
株分け3〜4月、9〜11月
施肥3〜4月、9〜11月　花期6〜8月

基本データ
原産地：マレーシア／草丈：30〜50cm／葉張り：50〜80cm／常緑性多年草

ラベンダー
Lavandula spp.

日なた／水はけのよい土を好む

シソ科
別名：クンイソウ

イングリッシュラベンダーはハーブとして薬効成分を多く含むが、日本の高温多湿にはやや弱い。フレンチラベンダーは花穂の頂部にある苞が特徴。暑さに強い。日当たりと水はけのよい場所を好むが、真夏の強い日差しは避け、水を与えて過度の乾燥を防ぐ。剪定は春に、徒長枝の切り戻しや込み合った部分の間引きを行う。施肥は2月頃、緩効性化成肥料を少量、株周りに浅くすき込む。窒素肥料を与えすぎると株が弱るので要注意。

植えつけ4〜5月　施肥2月　花期5〜7月

基本データ
原産地：地中海沿岸〜北アフリカ、西アジア／樹高0.5〜0.6m／常緑樹

ラミウム
Lamium

日なた〜明るい半日陰／水もち、水はけのよい土を好む

シソ科
別名：オドリコソウ

葉に白い斑が入る品種が多く、カラーリーフとして活躍する。初夏に花茎を立ち上げて、びっしりと花を咲かせる姿も華やか。花色には紫、ピンク、白、黄色、緑がある。地面を這うように広がる性質があり、グラウンドカバーとしての利用も可能。寒さには強いが、暑さにはやや弱い傾向。強い日差しを受けると葉焼けすることがあるので、朝のみ日が差す東側や明るい日陰などに植えるのがおすすめ。株分けか挿し芽で増やすことができる。

**植えつけ1〜6月、10〜12月　株分け4月、10月
施肥1〜6月、10〜12月　花期5〜6月**

基本データ
原産地：ヨーロッパ、アフリカ北部、アジアの温帯地域／草丈：20〜40cm／葉張り：30〜60cm／常緑性多年草

ローズゼラニウム
Pelargonium graveolens

日なた～明るい半日陰／水はけのよい土を好む

フウロソウ科
別名：ニオイテンジクアオイ

香りのよいセンテッドゼラニウムの一種で、バラの香りを持っているのが特徴。虫除けのハーブとして利用されてきた一面を持っている。初夏に花茎を立ち上げた頂部にピンク色の花を数輪咲かせる。暑さに強いが、寒さにはやや弱いので、冬は鉢上げして軒下などに置くのが無難。長雨にも弱く、乾燥した環境を好むので盛り土などをして水はけのよい土壌をつくるのがポイント。終わった花は、まめに摘んで株周りを清潔に。さし芽で増やせる。

植えつけ4～5月、9～10月
挿し木4～6月、9～11月　施肥4～11月上旬
花期4～7月

基本データ
原産地：南アフリカ／草丈：30～100cm／葉張り：50～150cm／常緑性多年草

ローズマリー
Rosmarinus officinalis

日なた／水はけのよい土を好む

シソ科
別名：マンネンロウ

葉にさわやかな芳香をもつハーブで、少し触れただけでもよく香る。地際から枝を多数立ち上げる株立ちの樹木で、立ち性、半匍匐性、匍匐性などさまざまな樹形が揃うので、用途にあうタイプを選ぶとよい。開花期は種類によって異なるが、小さい花が枝に多数つく。花色は青紫、淡い紫、ピンク、白がある。暑さや乾燥に強いが、寒さはやや苦手。生育が旺盛で樹形が乱れがちなので、生長期に適宜不要な枝を剪定し、風通しよく管理する。

植えつけ4～5月、10～11月　施肥3月、10～11月
花期1～5月、11～12月　剪定4～11月

基本データ
原産地：原産地：地中海沿岸／樹高：0.3～2m／常緑樹

Part 4

園芸用語集

園芸用語集

アイキャッチ 視線を集める仕掛けとなる植物や雑貨、構造物。

アーチ 逆U字型の建造物。入口に設置し、つる性植物などを絡ませる。いったん視線が遮られるため、奥への期待感が高まり、実際よりも奥行き感を強調する。また、場面転換の役割も果たす。

アプローチ 門から玄関までの通路と、その周りのスペース。

生け垣 境界線などに植物を植え込み、間仕切りや目隠しとして利用すること。刈り込みに耐えるカナメモチやツゲなどを植栽することが多い。

一年草 発芽後、生長して花が咲き、実を結んだあと枯死するまでのライフサイクルが、一年以内の植物。

一季咲き性 一年のうち、開花する期間が一度だけに限られている植物。

ウォールスクリーン 目隠しの役割も兼ねて玄関先に設置する、表札やポスト、ライトなどをしつらえたスクリーン。

ウッドデッキ 室内側から庭に張り出させた木製のデッキ。室内と庭をつなぐ役割を果たしてくれる。年に一度は防腐処理などのメンテナンスが必要だが、人工木材を使ったウッドデッキも見られるようになっている。

液体肥料 液体タイプの化成肥料。速効性があるが、持続力は低い。液肥とも呼ばれる。

エクステリア 建物の外周りのこと。玄関周りや塀などに限定して表現することもある。

オベリスク 鉄筋でできた尖塔形の構造物。つる性植物などを絡ませる。

お礼肥 花が咲いたあとや、種実ができたあとに施す肥料。速効性の肥料を与え、植物の消耗分を回復させる。

塊根 イモなどのように、植物の根や地下茎などが肥大化し、養分を蓄えた器官。

ガーデンアクセサリー オーナメントやプレートなど、ガーデン用の雑貨。

株立ち 株元から同じような強さの枝が何本も生えている樹木。幹枝、幹立ちともいう。

株張り 植物が枝葉を広げる範囲。葉張り。

株分け 多年草など、大きく育ったら掘り上げて、数芽をつけて根を切り分け、植え直して繁殖させる方法。

カーポート 駐車場。

カラーリーフプランツ 主に葉の美しさを観賞する植物。葉色は黄色、ブロンズ、赤、オレンジ、斑入りなど多種類があり、草花の引き立て役としても使いやすい。

緩効性化成肥料 じっくりと緩やかに効果が現れる化成肥料。

寒肥 春から生育を始めるためのエネルギー源として、冬に与える肥料。

休眠 夏や冬など、厳しい気候を迎える前に、一時的に生長を止めて過ごす状態。

切り戻し 茎葉が伸びて草姿が乱れた株を、深めに切り詰める作業。再び新芽が出始めてこんもりと茂り、草姿が整う。

グラウンドカバープランツ 地面をはい広がるようにして生育する植物で、表土を隠すためや、雑草防止のために植栽する。

コニファー 針葉樹の総称。

コンテナ　植物を育てる容器の総称。プランター、鉢も含まれる。材質は素焼き、陶器、プラスチック、木、金属などさまざま。

ゴロ土　水はけをよくするために、鉢底に入れる小石状の土。軽石、赤玉土、ボラ土、鹿沼土など。

サイドヤード　主庭と裏庭をつなぐスペース。

さし木・さし芽　植物体の一部を切りとって土に挿す繁殖法。

シェードガーデン　あまり日の差さない庭。

シェルフ　飾り棚。

直まき　タネを苗床にまいて育苗せず、花壇などにじかにタネをまくこと。

四季咲き性　開花期がある時期のみに決まっておらず、条件が整えば一年のうちに何度も花が咲く性質の植物。

下草　樹木の足元に息づく植物のこと。

支柱　背が高くなる植物やつる性の植物に添わせ、支える園芸資材。

雌雄異株　雌花が咲く雌株と、雄花が咲く雄株とに分かれている植物のこと。キウイやイチョウ、ヤマモモのように、結実させる目的で育てる場合は、雌株と雄株の両方を植栽する必要がある。

樹冠　樹木の地上部で枝葉を広げている範囲のこと。

樹脂製コンテナ　プラスチックにグラスファイバーなどを混ぜて強度を高めた材質のコンテナのこと。軽くて強度があり、割れにくい。土の重さでゆがむこともない。

シュート　木の根元から勢いよく伸びる新芽のこと。ひこばえともいう。

常緑樹　一年中青々とした葉をつけている樹木のこと。冬も瑞瑞しい姿を観賞できるほか、目隠しや生け垣などに利用される。

植栽　植物を植えつけること。

シンボルツリー　その家の顔となるような存在感のある樹木のこと。

ストックヤード　物置場や自転車置き場などのこと。

剪定　生育促進や樹形(草姿)調整のために枝・葉・芽の一部を切り取ること。

草姿　植物全体の姿形。

ゾーニング　空間を用途や目的などに応じて、区分けすること。

耐寒性／耐暑性　寒さに耐える性質の植物／暑さに耐える植物の性質。

堆肥　ワラや落葉、樹皮、生物の排泄物などを腐熟させた肥料。必ず完熟したものを利用する。

多年草　タネをまいたり、苗を植えつけたりしたあと、数年は生長、開花、結実を繰り返す植物。一時期休眠する落葉性と、周年観賞できる常緑性とがある。大株に育って根詰まりしてきたら、掘り上げて数芽つけていくつかに株分けし、植え直すと株が若返る。

中耕　花壇などで植物を育てていると、土が締まって固くなってくる。株の周りの表土をスコップなどで軽く耕すと、土中に空気が送られて通気性や排水性が高まる。除草を兼ねて行うとよい。

直根性　一本の太くて長い根を持つ植物。移植を嫌うため、できるだけ根を傷めないようにして植え替えるか、花壇に直接タネをまいて間引きながら育てる。

追肥　植えつけの際に施す元肥の効果が切れたあとに、与える肥料。

土寄せ（つちよせ）　花壇などの植物の株元に、土を寄せて盛ること。雨や水やりによって土が流れ出すと、根が見えてしまうこともあるので、土の量が減ったら行う。

つる植物（しょくぶつ）　他のものに枝葉を絡めて体を支え、生長していく植物。

摘心（てきしん）　苗が幼いうちに、新しく伸びている枝の先端を切ると、わき芽がついて枝数が増える。この作業を苗が若いうちに繰り返すと、よく茂ってこんもりとした株に仕立てることができる。

テラコッタ　素焼きの焼き物のことで、コンテナやタイル、置物などがある。

動線（どうせん）　人の歩みを自然に導く経路。

土壌酸度（どじょうさんど）　土壌の酸度。pH(ピーエイチ、ペーハー)値を測定し、酸性かアルカリ性かを判断する。育てる植物によって生育に適した土壌の酸度は異なる。

徒長（とちょう）　茎などの節間がヒョロヒョロと長く伸び、株に勢いがなく、病弱になる状態。原因には、十分に日光を浴びていない、水の与えすぎ、肥料の不足・または過多、といったことが考えられる。一方、樹木では勢いよく長く伸びた枝のことをいう。

トピアリー　常緑で葉が密に茂る樹木などを刈り込んで、球形や三角形、らせん形に形づくること。動物の姿を模してつくることもある。

根腐れ（ねぐされ）　根が腐ってしまうこと。水や肥料の与えすぎ、病気が原因と考えられる。

根鉢（ねばち）　植物を掘り上げたときについている、根と根の間にある土。

這い性（はいせい）　這うようにして地表を覆い広がっていく性質。クリーピングともいう。

培養土（ばいようど）　植物が生育するのに適すようにブレンドされた土。コンテナ栽培をする場合は、市販の培養土を使うと手軽。草花用、野菜用、ハーブ用、バラ用、ブルーベリー用など、育てる植物の種類に特化したものが出回っており、その種類は多数にのぼる。植えつけの際には、あらかじめ肥料がブレンドされている土かどうかを確認し、元肥が必要か判断したい。

バークチップ　木の皮を乾燥させたもの。マルチングや化粧材として利用されることが多い。

パーゴラ　藤棚のようにしてテラスの上部に棚を設け、つる植物などを仕立てて日除けなどにする構造物。ダイナミックな空間づくりができる。

鉢上げ（はちあげ）　苗床にタネまきした植物が発芽し、生育してきたら、鉢に植え替えること。花壇などに直植えしている植物を掘り上げて、鉢に植え替える場合にもいう。この場合、厳しい気候に耐えられそうにない植物を鉢に植え替えて別の場所で養生し、夏越しまたは冬越しさせる目的で行うことが多い。

バックヤード　（主庭に対して)裏庭のこと。

花がら摘み（はながらつみ）　終わった花がらを摘み取ること。開花後、そのままにしておくと、枯れた花びらなどが腐って病気を蔓延させる原因になるので、そのつど花茎から切り取って、株周りを清潔に保つ必要がある。また、受粉後にタネを形成するために養分を使い、株が消耗するので早めに摘み取ること。すると、子孫を残そうとするために次々と花芽をつけて、花期も長くなる。

葉焼け（はやけ）　葉が焼けたように茶色く変色した状態。高温や強い日差しに当たったことなどが原因で起こる。日陰を好む植物を、日当たりのよい場所で育てると、症状が現れることが多い。

パーライト　真珠岩を高温、高圧処理した白い人工石。多孔質で軽く、通気性、排水性に優れる。水はけの悪い土壌を改善するために利用されることが多い。

ハンギングバスケット 吊り下げ用に、バスケット状の容器に植物を植え込んだもの。軽い土を使うことが多く、風にさらされるため乾燥しやすいといえる。水切れさせないように管理したい。

半日陰（はんにちかげ） 東側など、一日に数時間ぐらい日がさす場所。または落葉樹の下など、一日中木漏れ日がちらちらとさす程度の光量に限られる場所。

ピートモス 土壌改良資材の一つで、酸性土壌に近づけ、水もちをよくして土を柔らかくする効果がある。

斑入り（ふいり） 葉などの一部に白や黄色の模様が入ること。斑の入り方はバラエティに富んでいる。品種改良が進み、斑入り種は多く出回るようになってきた。日陰の庭を明るく見せるのに効果的。タネまきでふやしても同じような斑が入るとは限らないため、株分けやさし木でふやす。

フェンス 目隠しや境界線などに用いる柵。ボーダーフェンスは、資材を横または縦張りにしたフェンスのこと。ラティスは格子または斜め格子に組んだフェンスパネルのこと。

腐植質（ふしょくしつ） 植物や生物が、微生物などによって分解されてできる有機成分。腐葉土や堆肥など。

フットライト 足元を照らし出す明かりで、玄関周りのステップや通路などに設ける。

腐葉土（ふようど） カシやシイなど落葉樹の落葉を発酵、腐熟させたもの。手で握ると崩れるくらいに完熟したものを使う。通気性、保水性、保肥性に富み、微生物を活性化させる。

分枝（ぶんし） 枝分かれすること。

壁泉（へきせん） 建物や塀などの壁面に設けた噴水施設。

ペービング 地面を舗装すること。

ポット苗（ポットなえ） ビニールポットやプラスチックで育苗中の苗。園芸店ではこの状態で販売されている。

マルチング 株元にバークチップやワラなどを敷くこと。保温、保湿を高める、雑草が繁茂するのを防ぐ、雨や水やり時の泥はねを防いで病気が蔓延するのを防ぐ、といった目的で行う。

水切れ（みずぎれ） 植物が水を欲しがっている状態。株全体がしおれ気味になり、勢いがなくなる。放置すると枯れ込むので、ただちに水やりする。

元肥（もとごえ） 植えつけ時に施す肥料。緩効性肥料を用いる。

八重咲き（やえざき） 花びらが多数重なって咲く性質の植物。

有機質肥料（ゆうきしつひりょう） 天然の素材を原料にした肥料。油かす、骨粉、牛ふん、鶏ふん、堆肥、腐葉土など。

擁壁（ようへき） 高低差のある宅地や斜面のある土地で、崖崩れを防ぐために作られた土留め壁を指す。

寄せ植え（よせうえ） ひとつの鉢に数種類の草木を組み合わせて植栽すること。花色や花形、開花期などを考慮して植え込む。大鉢に寄せ植えをして花台などに飾るとアイキャッチになる。

落葉樹（らくようじゅ） 時期がくるといっせいに葉を落として休眠する樹木。掃除が大変ではあるが、新芽の息吹や開花、結実など、四季の表情の変化を楽しめる。

ランナー 親株から横に伸びる、小株をつけるためのつる。このつるが地面につくと発根し、株がふえていく。ほふく枝ともいう。

立水栓（りっすいせん） 散水や掃除のため庭に設けられる、水栓を立ち上げてつくる水場。

レイズドベッド 高畝式花壇。レンガや石などを積んで盛り土をした、高さのある花壇。

ロゼット 葉が放射状に地中から出ていること。

矮性種（わいせいしゅ） 一般の大きさよりも小型に改良された品種をさす。

■ 著者紹介
髙山徹也（たかやま・てつや）

1972年生まれ。テクノホルティ園芸専門学校を卒業後、王子緑化株式会社（現・王子木材緑化株式会社）に入社、ガーデニングショップ「マリポサ」勤務。園芸バイヤーとして、市場仕入・イベント企画・店舗管理などに従事する。2002年退社・独立、町田市つくし野にガーデニングショップ「ル シエル」を開店。店舗で草花・園芸用品・雑貨を販売するほか、レンガ花壇・パーゴラ設置・植栽・メンテナンスなどのガーデニング工事を行い、寄せ植え・リースづくりなどの講習会で講師も務めている。

■ 店舗メモ
ガーデニングショップ「le Ciel（ル シエル）」

〒194-0001　東京都町田市つくし野2-30-6
営業時間　10：00〜18：00
定 休 日　月・火・水（ガーデニング工事の作業のため）
アクセス　東急田園都市線「つくし野」駅下車・徒歩10分
　　　　　「つくし野2丁目」バス停前
ホームページ http://www.jard-leciel.com/
店舗ブログ　http://jardleciel.blog49.fc2.com/

■ カバー装丁　近藤みどり
■ 写真撮影　髙山徹也、サカモトタカシ、長田節子、和田士朗
■ イラスト　髙山徹也
■ 執筆協力　長田節子
■ 編集協力　和田士朗　大澤雄一（knowm）

内容に関するお問い合わせは小社ウェブサイトお問い合わせフォームまでお願いいたします。
ウェブサイト
https://www.nihonbungeisha.co.jp/

日陰（ひかげ）でも大丈夫（だいじょうぶ）！
本当（ほんとう）に小（ちい）さな庭（にわ）づくり

2021年10月10日　第1刷発行

著　者　髙山 徹也（たかやま てつや）
発行者　吉田 芳史
印刷所　株式会社文化カラー印刷
製本所　大口製本印刷株式会社
発行所　株式会社 日本文芸社
　　　　〒135-0001
　　　　東京都江東区毛利2-10-18 OCMビル
　　　　℡ 03-5638-1660（代表）

Printed in Japan　112210929−112210929 Ⓝ 01（080019）
ISBN978-4-537-21880-0
URL https：//www.nihonbungeisha.co.jp/
©Tetsuya Takayama 2021
（編集担当　牧野）